50만 원으로 시작하는
돈 굴리기 기술

푼돈을 목돈으로 만드는

월급쟁이 자동완성 포트폴리오

"구르는 돈이 부자를 만든다!"

쿼터백 지음

50만 원으로 시작하는
돈 굴리기 기술

P page2

✦ 장기투자에 있어서 핵심은 바로 글로벌 자산배분이다. 앞으로 개인 투자자들이 얼마나 적극적으로 글로벌 시장에 투자하고 자산을 배분할 수 있느냐가 개인 자산관리의 성과를 좌우할 것이다. 이 책과 함께한다면 글로벌 자산배분에 대한 노하우뿐 아니라 투자 자체를 어렵게 느끼는 사람들도 본인에게 맞는 투자 방법을 찾을 수 있을 것이다.

— **최현만**(미래에셋증권 대표이사 회장)

✦ 기준금리 인상과 동시에 나타난 주식시장의 조정과 역대급 인플레이션이 우리의 일상을 팍팍하게 만들고 있다. 호황에 힘입어 최근 1~2년 사이 투자를 시작했던 초보 투자자들은 갑작스러운 파도에 휩쓸리고 있다.

하지만 어려운 시절을 겪어낸 사람만이 그 후에 오는 달콤한 열매를 누릴 수 있는 법. 이처럼 시장이 하락할 때 더 빛나는 투자법이 있다. 바로 '자산배분'이다. 수많은 기관과 개인의 자금을 굴려온 '쿼터백 자산운용'이 이 책에서 초보 투자자들을 위해 쉽고 안전한 자산배분 방법을 공개한다.

내 맘 같지 않은 시장 앞에서 막막했던 많은 투자자들이 쿼터백과 함께 마음 편한 투자를 하길 바란다.

___ **김동환**(「삼프로TV」 진행자)

✦ 공격과 수비가 존재하는 다양한 스포츠 경기와 마찬가지로 투자의 세계에서도 공격수와 수비수를 적절하게 배치해야 승리할 수 있다. 다행히도 로보어드바이저와 같은 새로운 자산배분 서비스를 통해 이제는 누구나 이와 같은 전략적인 투자가 가능해졌다. 자산관리라는 본인 스스로의 경기에서 승리하고 싶다면 이 책을 반드시 읽길 바란다.

___ **정유신**(서강대학교 기술경영전문대학원장)

✦ 금융에 대한 전문적인 지식이 상대적으로 부족할 수밖에 없는 개인이 끊임없이 변하는 시장 상황을 관찰하고 예측하며 이에 맞춰 돈을 굴린다는 것은 무척 어려운 일이다. 쉽고 단순하면서도 적은

시간을 투자하여 효율적으로 돈을 굴리는 기술을 알고 싶다면 이 책이 바로 당신이 찾던 책이 될 것이다.

__ **한상춘**(한국경제신문 논설위원)

✦ 내 몸에 맞는 옷이 사람마다 다르듯, 투자 역시 나에게 맞는 투자 방법을 아는 것이 중요하다. 장기적으로 자산을 불릴 수 있는 효과적인 방법이 필요한 MZ세대의 투자 입문서로 이 책을 적극 추천한다.

__ **박상영**(더시드그룹 대표)

✦ 위험에 대한 고려 없이 쉽게 돈을 벌려고 하는 경우 폰지 등의 금융 사기를 당할 위험이 높다. 이 책을 통해 감내할 수 있는 수준의 위험을 알고 이에 맞는 투자 방법을 배운다면 투자 실패 위험을 그만큼 줄일 수 있을 것이다. 아는 만큼 보인다고 하지 않는가.

__ **김윤진**(전 금융감독원 국장)

✦ 웰스테크^{Wealth-tech}의 선두 기업으로서 수많은 개인 및 다수의 기관 자금을 운용해 오고 있는 저자들의 투자 철학과 노하우를 엿볼 수 있는 좋은 기회다. 자산관리 시장에 선한 영향력을 제공하는 쿼터백의 노력에 박수를 보낸다.

__ **김종서**(주식회사 아톤 대표)

✦ 주식투자를 잘하는 비법을 아는 것보다 더욱 중요한 일은 재산의 구매력을 유지하는 일이다. 빠르게 오르는 물가에 맞서서 평생 힘들여 모은 자산의 구매력을 지켜나가는 방법은 단순해 보이지만 스스로 꾸준히 실천하기는 쉽지 않다. 쿼터백은 고객의 자산배분을 도와주는 서비스를 오랜 기간 진정성 있게 제공해 왔다. 이 책 한 권을 통해 쿼터백의 노하우가 담긴 자산배분 솔루션을 경험하고 실천해 보길 바란다.

__ **홍진채**(라쿤자산운용 대표)

✦ 잘못된 투자 정보가 넘쳐나는 시대, 소액 투자자들은 십수년 전과 별로 다르지 않은 상황에 있다. 단기 수익률 추종으로 인한 편중된 포트폴리오, 투자 결정 프로세스 부재로 인한 편향성, 시장 메커니즘에 대한 오해와 편견까지.

이 책은 오랜 기간에 걸쳐 정립된 투자 방법론을 토대로 여러 대가들만의 스타일과 색깔을 알기 쉽게 소개, 비교하고 있다. 나아가 여러 개인투자자들의 상황에 따른 적절한 솔루션을 제안함으로써 로보어드바이저가 제공하는 가치를 보여준다.

여러 지정학적 문제와 거시경제 이슈가 복잡하게 엮여 있는 지금이야말로 자산배분의 적기라고 할 수 있다. 일회성 투자 결정을 벗어나 체계적이고 검증된 투자방법을 접하고자 하는 분에게 일독을 권한다.

__ **한지호**(스테이트 스트리트 글로벌 어드바이저 선임연구원)

✦ 코로나19 이후, 어떤 주식을 사도 높은 수익률을 거두던 때가 있었다. 이제는 쉽지 않다. 특히 2020년~2021년 사이 투자를 시작한

분들은 앞으로 어떻게 투자를 해야할 지 막막하게 느껴질 수 있을 것이다.

이럴 때일수록 투자의 기본으로 돌아가야 한다. 나의 목표를 잡고, 그 목표까지 다가가기 위한 계획을 세우기 시작해야 한다. 그리고 이 과정에서 포트폴리오 투자는 선택이 아닌 필수다. 오랜 기간 내 자산을 불려줄 수 있는 나만의 포트폴리오를 만들어야 한다.

『50만 원으로 시작하는 돈 굴리기 기술』은 포트폴리오 투자에 첫 발을 떼는 투자자들을 위한 필수 입문서이다. 이미 자산배분을 하고 있더라도 '이게 맞나' 싶다면, 이 책이 앞으로의 방향성을 잡아주는 나침반이 될 것이다. 책에는 투자의 기본 원칙, 마인드 세팅부터 다양한 자산배분 전략에 대한 소개, 2030 직장인의 투자 사례를 바탕으로 한 구체적인 솔루션, 마지막으로 Q&A까지 포트폴리오 투자에 대한 모든 것이 담겨 있다.

내 자산을, 나만의 목표와 내가 세운 전략을 통해 불려나가고자 하는 분들에게 이 책을 적극 추천한다.

__ **박진영**(어피티 대표)

✦ 많은 투자자들이 최근의 시장 변동성을 겪고 시장을 떠나고 있다. 짧다고 생각하면 짧고 길다면 긴 약 2~3년의 시간 안에 우리는 시장이 상승하는 희열과 하락하는 아픔을 모두 겪었다. 이런 시장의 상승과 하락은 항상 반복되어 왔다. 이 모든 것을 다 몸으로 받아들여야 한다고 생각하면 투자가 참으로 골치아플 것이다. 하지만 이런 굴곡을 평평하게 만들어주고, 우리의 마음을 편하게 해주는 투자 방법이 있다. 바로 '자산배분'이다.

많은 사람들은 자산배분은 큰 기관이나 자산가들의 투자법이라고 생각한다. 과거에는 그래 왔다. 하지만 지금은 다르다. 개인투자자들에게도 자산배분은 아주 좋은 투자방법이 되었다. 디지털금융의 발달로 우리는 방구석에서 전 세계 모든 정보를 보고 듣고, ETF 몇 개만 이용하면 월가의 펀드매니저 못지 않게 투자를 할 수 있다. 자산배분은 장기간 나의 자산을 위험으로부터 지켜가며 안정적으로 차곡차곡 모아가기 좋은 투자법이다. 이 책에선 자산배분이라는 먼 길을 떠나기 전에 우리가 준비해야 할 모든 것을 친절하고 자세하게 설명해주고 있다.

자산배분! 결코 어렵지 않다. 짜릿함을 느낄 수 있는 투자법은 아니지만, 길어진 우리의 인생을 바라보며 비록 작은 투자금이라도 미래의 나를 위해 작은 스노우볼을 굴리고자 한다면 이 책 하나면 충분할 것이다.

__ **박곰희**(「박곰희TV」운영자)

세상에 공짜 점심은 있습니다

안녕하세요! 저희는 고객들이 다양한 글로벌 자산에 골고루 투자할 수 있도록 돕는 디지털 자산관리 서비스 기업 쿼터백이라고 합니다. "자산배분을 한다." 말이 조금 어렵죠? 이해하기 쉽게 저희의 사례를 들어서 설명해 볼게요. 쿼터백은 여러 기관 및 개인의 자금을 전문적으로 운용하는 곳입니다. 그래서 대표적 자산인 주식과 채권, 원자재의 비중을 분산투자하는 것뿐만 아니라 다양한 국가의 주가지수(미국, 유럽, 한국 등), 채권, 통화(원화, 달러, 유로 등), 부동산 및 인프라* 등 다양한 자산군에 나눠서 투자하고 있습니다.

---

* 전 세계에 있는 주요 공항, 도로, 항만 등 교통 및 식수, 전력 등 각종 인프라 시설에 투자하여 꾸준한 배당 및 현금 흐름을 추구하는 투자

이렇게 하면 다양한 시장 상황 속에서도 포트폴리오*가 크게 흔들리지 않도록 여러 자산이 상호 보완적으로 방어해 주는 효과를 누릴 수 있습니다. 특정 자산에만 자금이 집중되지 않고 다양한 자산에 나눠 투자하므로 효과적으로 위험을 분산하면서도, 투자 효율이 좋은 투자처를 쉽게 찾아낼 수 있어서 포트폴리오의 기대 수익률을 높일 기회도 찾아낼 수 있죠.

보통 자산관리를 처음 하는 개인 투자자는 국내시장, 특히 주식에만 100% 투자하는 경우가 많습니다. 이 경우 주식이라고 하는 투자 자산이 가지고 있는 기본적인 특성(기대 수익률, 변동성 등)을 크게 벗어나기 어렵죠.

그럼 단순히 국가, 자산, 통화 등에 분산투자한 것만으로도 올바른 자산배분을 했다고 말해도 될까요? 아쉽게도 그렇지 않습니다. 자산배분은 '상관관계가 낮은 다양한 자산에 분산투자하는 것'입니다. 여기서 상관관계란 두 가지 가운데 한쪽이 변하면 다른 한쪽도 따라서 바뀌는 통계적인 관계를 의미하는 말로, 각 자산의 가격이 얼마나 비슷하게 움직이는가를 의미합니다. 한쪽이 오를

---

* 원래는 '서류가방' 또는 '자료수집철'을 뜻하지만, 일반적으로는 주식투자에서 여러 종목에 분산투자함으로써 한 곳에 투자할 경우 생길 수 있는 위험을 피하고 투자수익을 극대화하기 위한 방법으로 쓰인다.

때 같이 오르면 정비례(+)하는 상관관계, 반대로 하락하면 반비례(-)하는 상관관계가 됩니다. 일반적으로 -1부터 1까지 범위의 값으로 표현되는데 1에 가까울수록 동일한 방향으로 움직인다는 뜻이고 -1에 가까울수록 반대 방향으로 움직인다는 의미입니다.

다시 말해 아무리 투자 시장과 자산군을 다양하게 투자했더라도, 변동성이 높고 기대 수익률이 높은 공격형 자산군에만 투자한 경우처럼 움직임이 비슷한 성향을 지닌 자산 조합으로 배분했다면 당초 기대했던 분산효과를 거두기 어려울 수도 있다는 뜻이죠.

결국 효과적으로 변동성을 관리하는 한편 수익성과 안정성의 조화를 유지하며 본인의 목표에 부합하는 자산배분 포트폴리오를 만들기 위해서는 다음과 같은 준비가 필요합니다.

나의 목표에 맞는 포트폴리오 만들기

1. 단일 시장 및 자산에 집중하지 않고 다양하게 분산된 포트폴리오를 만듭니다.
2. 단순히 여러 가지 자산에 무분별하게 나누어 투자하는 것이 아니라 각 자산군별 상관관계, 기대 수익률 및 변동성 등 종합적인 특성을 고려하여 전략적으로 배분합니다.

3. 나아가 글로벌 자산시장 내 다양하게 존재하는 초과수익^Alpha* 기회를 추구할 수 있는 장치까지 정교하게 고려합니다.

아직까지는 이 이야기들이 어렵게 느껴질 수 있습니다. 하지만 앞으로 이어질 내용에서 어떻게 하면 독자 여러분에게 맞는 자산배분 포트폴리오를 구성할 수 있을지 차근차근 쉽게 알아보게 됩니다. 한국에 상장된 글로벌 자산으로 포트폴리오를 구성할 경우 약 50만 원, 미국에 상장된 자산으로 포트폴리오를 구성할 경우 약 300만 원 정도면 투자 대가들의 지혜가 담긴 훌륭한 투자 포트폴리오를 내 것으로 만들 수 있습니다.

이 책을 다 읽고 나면 나에게 맞는 자산배분 포트폴리오를 만들고 마음 편한 투자를 할 수 있게 될 것입니다. "세상에 공짜 점심은 없다(There ain't no such thing as a free lunch)"는 격언이 있죠. 하지만 공짜 점심은 있습니다. 자산배분이 우리의 공짜 점심이 되어줄 것입니다. 가장 쉽고 단순한 '돈 굴리기 기술'이죠.

---

* 시장 수익을 상회하는 추가 수익을 '초과수익' 또는 '알파'라고 부른다. 참고로 투자에는 알파 외에도 베타라는 표현도 자주 사용되는데, '베타'란 쉽게 이야기하면 시장 수익률만큼의 성과를 추종하는 개념으로 볼 수 있다. 즉, 시장이 1% 올랐을 때 내 포트폴리오가 1% 오른다면 베타=1에 해당한다.

차례

추천사   • 4

프롤로그 | 세상에 공짜 점심은 있습니다   • 12

파트 1.

선수가 아니라 감독처럼 투자하라
: 내게 꼭 맞는 맞춤형 포트폴리오 만들기

● 월급만 빼고 다 오르는 시대에서 살아남기   • 25

● 성공 투자의 핵심, 변동성 관리   • 32

잠깐만요 ─ 투자의 효율성을 보여주는 샤프지수   • 37

● 나는 어느 정도의 위험을 감당할 수 있을까?   • 39

잠깐만요 MBTI 성향에 따른 투자 스타일 • 45

● 선수가 아니라 감독처럼 투자하라 • 50

● 자산 선수별 포지션과 특징 • 56

● 꼭 기억해야 할 자산배분의 3대 원칙 • 62

● 개별종목 대신 ETF를 활용하면 왜 좋을까? • 70

퀀터백의 포트폴리오 솔루션 1 주식에 '몰빵'하는 교육회사 사원
: 자산관리를 시작하는 구체적인 방법이 뭔가요? • 77

퀀터백의 포트폴리오 솔루션 2 국내에만 투자하는 제약회사 대리
: 예적금과 투자금 비율은 어느 정도가 적당할까요? • 82

파트 2.

구르는 돈이 부자를 만든다
: 투자 대가들의 자산배분 따라 하기

● 자산배분의 교과서, 자산 3분법 포트폴리오 • 93

● 쉽고도 막강한 영구 포트폴리오 • 99

● 어떤 상황에서도 견디는 레이 달리오의 올웨더 포트폴리오 • 108

● 30년간 연평균 수익률 14%! 데이비드 스웬슨 포트폴리오 • 118

● 자산배분계의 보험, SWAN ETF 포트폴리오 • 126

● 정적자산배분 vs. 동적자산배분 • 135

● 핵심전략과 위성전략을 나누어라 • 140

잠깐만요 - 핵심-위성 전략 포트폴리오 사례 • 145

쿼터백의 포트폴리오 솔루션 3 전세 보증금에 돈이 묶여 있는 교사
: 저도 주식투자를 시작해야 할까요? • 147

쿼터백의 포트폴리오 솔루션 4 우리사주가 있는 제조업체 대리
: 위험자산 비중이 높은 포트폴리오, 괜찮을까요? • 154

파트 3.

나는 마음 편한 투자를 한다

: 하락장에 더 빛나는 자산배분 절대법칙

● 혹시 지금이 하락장의 시작일까? • 163

● 장기투자 = 낮은 손실 확률 • 169

● 투자를 방해하는 심리적 장애물을 넘는 법 • 174

● 신선도를 유지하는 포트폴리오 리밸런싱 • 181

● 투자 위험과 변동성 깊이 알기 • 186

● 나는 제대로 된 분산투자를 하고 있을까? • 192

● 트레이더가 될 것인가, 투자자가 될 것인가 • 198

● 로보어드바이저 200% 활용법 • 202

[잠깐만요] 좋은 로보어드바이저를 고르는 방법 • 208

[쿼터백의 포트폴리오 솔루션 5] 풍족한 노후를 보내고 싶은 개발자
: 아직 20대인데, 지금부터 연금에 가입해야 할까요? • 210

[쿼터백의 포트폴리오 솔루션 6] 주식과 코인으로 돈을 잃은 제조업 종사자
: 손실이 큰 포트폴리오, 버티는 게 답일까요? • 217

[쿼터백의 포트폴리오 솔루션 7] 수익률이 낮아 고민인 물류업 종사자
: 안정성과 수익률, 두 마리 토끼를 잡을 수는 없나요? • 222

파트 4.

헷갈리는 투자 상식, 전문가가 답하다
: 왕초보가 가장 많이 하는 질문 Top 12

Q. 자꾸 투자를 실패해요, 어떻게 해야 할까요?   • 233

Q. 한국에서 최고의 투자처는 부동산 아닌가요?   • 237

Q. 달러 투자, 꼭 해야 하나요?   • 242

[잠깐만요] 해외 주식에 간접투자할 때의 세금   • 250

Q. 수익을 가장 많이 낼 수 있는 방법이 뭔가요?   • 251

Q. 주식은 사놓고 묵혀두는 게 제일 좋지 않나요?   • 256

Q. 패시브, 액티브 전략 중 어떤 것이 더 좋은가요?   • 267

Q. 한국, 미국 중 어디에 얼만큼 투자할까요?   • 272

[잠깐만요] 달러 강세가 신흥국에 악영향을 미치는 이유   • 279

Q. 경제 성장률이 높으면 주식도 오르겠죠?   • 280

Q. 자산배분을 해도 손해를 볼 수 있나요?   • 284

Q. 현금을 보유하는 것도 자산배분인가요?   • 291

Q. 자산을 배분하면 수익률이 낮아지지 않나요?   • 298

Q. 인구구조 변화가 투자에 어떤 영향을 줄까요?   • 305

쿼터백의 포트폴리오 솔루션 8 달러로 월급 받는 데이터 분석가
: 달러로 들어오는 월급, 어떻게 굴려야 할까요? • 311

쿼터백의 포트폴리오 솔루션 9 월별로 수입이 다른 산업 분석가
: 월급이 들쭉날쭉한데 돈을 어떻게 관리하죠? • 320

색인 • 328

선수가 아니라 감독처럼 투자하라

: 50만 원으로 만드는 나의 첫 포트폴리오

월급만 빼고 다 오르는
시대에서 살아남기

부자가 되고 싶은 마음은 누구나 같을 것입니다. 하지만 부자가 되기 위한 방법은 시대에 따라 끊임없이 변하고 있습니다. 한국 경제가 빠르게 성장하고 이자율이 높았던 1970~80년대에는 열심히 일해서 임금을 늘리고 저축하는 것만으로도 부자가 될 수 있었습니다. 실제로 1970~80년대에는 국내의 1인당 명목 국민총소득^{GNI*}이 연평균 22%씩 증가했죠. 명목

---

* Gross National Income. 한 나라의 국민이 국내외 생산 활동에 참가하거나 생산에 필요한 자산을 제공한 대가로 받은 소득의 합계를 의미한다.

국민총소득에 물가 상승률을 반영한 실질 국민총소득 또한 연평
균 8% 수준으로 꾸준히 증가했습니다.

○●● 계속 떨어져온 성장률과 금리

　반면에 근래에 접어든 2018년부터 2020년까지 연평균 성장률
은 1.6%에 불과했습니다. 안타깝게도 현시점의 한국 경제는 선
진국이 겪었던 저성장 흐름을 피하기 어려운 상황입니다.

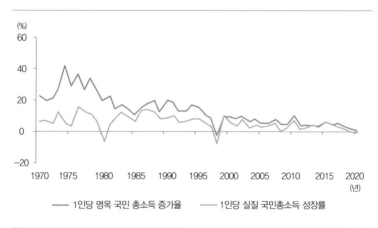

· 1인당 국민총소득 증가율 ·

그렇다면 금리 수준은 어떨까요? 1970년 정기예금 금리는 평균 16.5% 수준이었으나 이후 지속적으로 하락하며 2021년 말 기준으로 평균 1.1%를 기록하게 되었습니다. 반면 어린 시절 500원이면 살 수 있었던 과자는 이제 2000원이 됐죠. 이처럼 상승하는 물가보다 더 높은 이자를 보장받지 못한다면 예금으로 보유하고 있는 돈의 가치는 앞으로 계속해서 줄어들 수밖에 없습니다.

이제는 더 이상 월급만으로는 부자가 되기 힘든 시대라는 사실을 직시해야 합니다. 일을 해서 얻을 수 있는 근로소득의 상승률은 경제성장률을 넘어서기 어렵습니다. 또한 현재 은행 정기예금의 금리 수준이 물가 상승률에도 미치지 못한다는 점을 감안하면

· 정기 예금 금리 추이 ·

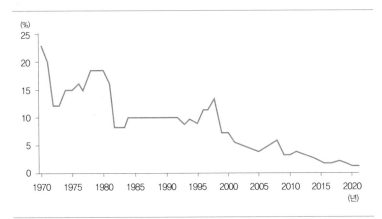

아무리 열심히 저축한다 해도 내 집 한 채 마련하는 것을 결코 쉽게 장담할 수 없습니다.

○●● 투자, 빨리 시작하고 꾸준히 계속하라

결국 부를 쌓는 것은 내 연봉의 인상률이 아니라 투자를 해서 만드는 '자본수익'에 달려 있습니다. 즉, 투자를 위해 모은 자원으로 얼마나 이익을 얻을 수 있느냐가 부자가 되기 위해 가장 중요한 수단이 된 것입니다.

그렇다면 자본 수익률을 높이는 투자를 하기 위해서는 어떻게 해야 할까요? 투자를 시작하기 앞서 쉽지만 꼭 알아야 할 3가지 사실부터 정리하겠습니다.

투자를 시작하기 앞서 꼭 알아야 할 3가지 사실

1. 꾸준히 투자해야 합니다.
2. 최대한 빨리 시작해야 합니다.
3. 단 1%의 수익률 차이도 투자 기간이 길수록 큰 차이를 불러올 수 있다는 점을 기억해야 합니다.

이 3가지 사실은 모두 '복리 효과'와 연결됩니다. 복리 효과란 투자한 금액에서 발생한 이익을 재투자함으로써 '투자 이익이 다시 추가적인 투자 이익을 낳는' 효과를 의미하죠. '복리의 마법'이라는 말까지 있을 정도인 이 복리의 효과가 얼마나 중요한지에 대해서 다음 예를 통해 살펴보겠습니다.

성인이 된 만 18세의 A씨가 향후 65세가 되는 시점에서 은퇴할 계획이라고 가정해 보겠습니다. 만약 은퇴까지 남은 47년 동안 매월 10만 원씩 금고에 모아둔다면 이는 47년 후 총 5760만 원이 됩니다.

이때 같은 상황에서 금고가 아니라 연평균 7%의 수익률을 제공하는 상품에 지속적으로 재투자한다고 생각해 보겠습니다. 이 경우 47년 후 자산은 무려 약 4억 5360만 원으로 불어납니다. 매월 같은 10만 원을 모으더라도, 누적된 수익률 차이에 따라 4억 원 이상의 차이를 만드는 것입니다.

또한, 현재와 같은 저금리 상황에서는 1%의 수익률 차이도 중요합니다. 일례로 2%의 수익률로 투자할 경우 원금이 두 배가 되기까지 36년이라는 시간이 걸리지만, 3%의 수익률로 투자할 경우 24년이 걸립니다. 무려 12년이라는 시간이 단축되는 것이죠. 지금 당장은 수익률 1% 차이가 작아 보이지만 길게 보면 생각보다 훨씬 큰 차이를 낳는다는 사실을 알 수 있습니다.

• 47년 후 자산의 차이: 저축 vs. 투자 •

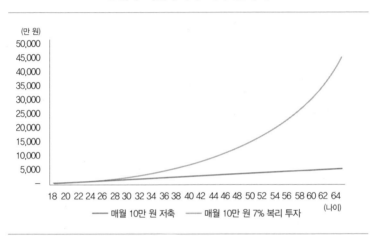

천재 과학자 알베르트 아인슈타인Albert Einstein은 '복리 효과란 우주에서 가장 강력한 힘이자, 세계 8대 불가사의'라고 말했다고 합니다. 또한 세계적으로 가장 부유한 사람이자 투자 대가인 워런 버핏Warren Buffett 역시 본인이 막대한 자산을 모을 수 있었던 이유 중 하나로 복리 효과를 언급했습니다.

투자를 빨리 시작할수록 돈이 스스로 일할 시간을 더 길게 확보할 수 있다는 점을 꼭 기억하세요. 아직 투자를 하지 않고 있다면 이 책을 읽고 난 후 당장 시작하기 바랍니다. 그리고 투자를 시작한 이후에는 1%의 수익률 차이도 중요하게 여기고, 계속 꾸준히 투자해야 합니다.

성공 투자의 핵심,
변동성 관리

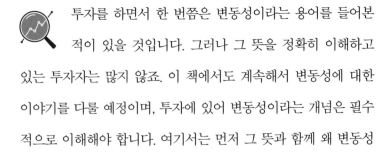투자를 하면서 한 번쯤은 변동성이라는 용어를 들어본 적이 있을 것입니다. 그러나 그 뜻을 정확히 이해하고 있는 투자자는 많지 않죠. 이 책에서도 계속해서 변동성에 대한 이야기를 다룰 예정이며, 투자에 있어 변동성이라는 개념은 필수적으로 이해해야 합니다. 여기서는 먼저 그 뜻과 함께 왜 변동성 관리가 중요한지 짚어보겠습니다.

○●● 변동성이란 무엇인가

변동성이란 무엇을 의미할까요? 사전적인 의미로는 '움직이는 성질'을 뜻하며, 주식시장 등 자산시장에서는 상품의 가격이 변동하는 정도를 뜻합니다.

많은 사람이 변동성은 위험과 같은 개념이라고 여기는데 엄밀히 말하면 정확히 같지는 않습니다. 투자에서의 변동성은 성과가 얼마나 들쭉날쭉한가, 즉 수익률이 위아래로 얼마나 출렁거리는가를 뜻합니다. 만약 성과가 큰 폭으로 상승하면서 위로 출렁거린다면 투자자에게는 굉장히 좋은 수익 기회이자 고마운 변화일 것입니다. 이 경우 상승 변동성이 위험으로 느껴질까요? 아마도 아니겠죠.

그렇다면 왜 투자 세계에서는 굳이 변동성을 위험이라는 개념으로 부르며, 중요하게 생각할까요? 투자에 있어 위험이란 '투자 기간 중 해당 자금을 필요로 하는 순간에 기대했던 수익을 거두지 못하는 것'으로 바꿔 말할 수 있습니다. 그러니 변동성이 크다는 것은 우리가 원하는 시점에 원하는 성과를 달성할 수 있는 확률이 떨어질 수 있다는 뜻이며, 그렇기 때문에 '위험이 크다'라고 표현됩니다.

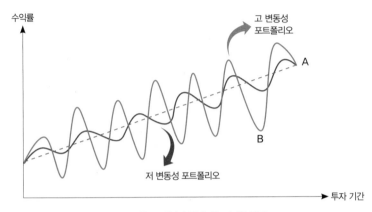

· 고 변동성 포트폴리오 vs. 저 변동성 포트폴리오 ·

- 대부분의 투자자들은 주로 수익률, 즉 얼마나 벌 수 있느냐에만 집중
- 변동성, 즉 얼마나 위험할 수 있는가에 대한 관심이 낮은 편
- 이는 궁극적으로 투자 실패로 직결될 수 있다는 점에서 주의 필요

위 그래프와 같이 어느 특정 시점(A 시점)에 확인했을 때 정확하게 같은 수익률을 기록하고 있는 두 가지 포트폴리오가 있다고 가정해 보겠습니다. 두 포트폴리오의 현재 시점에서의 수익률은 동일하지만 과거 투자 기간 동안 보여준 각각의 출렁거림(변동성)은 크게 차이가 납니다. 여러분이라면 어떤 포트폴리오를 선택하시겠습니까?

만약 자산 가격이 아주 낮아진 B 시점에 투자자가 결혼, 자녀 교육, 내 집 마련, 병원 치료 등 다양한 목적으로 자금이 필요한 상황이 생긴다면 어떻게 해야 할까요? 실제로 많은 투자자가 주식 등 위험자산에 '몰빵 투자'를 했다가 예상 밖의 변동성 높은 시장을 만나며 이와 유사한 경험을 하곤 합니다. 그래프에서도 볼 수 있듯 일정 시간이 지난 후 돌이켜보면 시장은 회복되는 경우가 많습니다. 하지만 손실 발생 시점에서 꿋꿋하게 투자를 지속하는 투자자는 많지 않죠.

○●● 변동성은 낮을수록 좋을까?

그러나 이와 같은 문제 때문에 무조건 낮은 변동성만을 선호하는 것도 문제가 있습니다. 변동성이 낮다는 것은 그만큼 수익률이 낮아질 가능성이 높다는 뜻도 되기 때문입니다. 쉽게 예를 들어서, 은행 예금 등 무위험자산을 보유하는 경우 변동성은 낮지만 수익률은 높지 않죠. 때문에 본인이 목표한 수준의 수익률을 달성하기 위해서는 감내 가능한 범위 내에서 변동성을 활용할 필요가 있습니다.

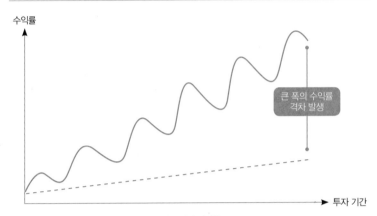

· 무조건적인 변동성 회피 시의 수익률 격차 ·

수익률

큰 폭의 수익률
격차 발생

투자 기간

• 무조건적인 변동성 회피도 올바른 투자가 되기 어려움
• 낮은 변동성만큼 본인에게 적합한 수익률을 얻을 가능성이 낮아지기 때문
• 감내 가능한 범위 내에서 적정 수준의 변동성을 활용하는 전략이 필요

따라서 본인의 투자 목적을 결정하고 자금이 필요한 시점에 맞춰 투자 성공을 거두기 위해서는 수익성과 함께 변동성(위험)을 관리하는 것이 핵심입니다. 언제 어디서 어떻게 투자해도 예상 가능한 범위의 성과를 기록하면서 내 재산이 관리될 수 있다면 얼마나 마음이 편할까요? 이를 위해 쿼터백은 '자산배분' 투자를 추천하는데요, 이제부터 그 방법을 함께 알아보겠습니다.

수익성과 안정성의 균형이 얼마나 효과적인지 볼 수 있는 대표적인 지표 중 하나가 바로 포트폴리오의 샤프지수(위험조정 수익률)입니다. 그런데 수익률은 금융시장의 등락에 따라 변하고 모든 투자는 미래의 불확실성을 피할 수 없기에, 결과적으로 변동성을 관리하는 것이 뛰어난 샤프지수 달성에 핵심이 됩니다.

샤프지수란 특정 포트폴리오가 한 단위의 위험자산에 투자하여 얻는 초과수익의 정도를 나타내는 지표입니다. 즉, 내가 부담하는 위험에 비해 어느 정도의 수익이 달성될지 측정하는 개념이죠. 샤프지수가 높을수록 효율성이 높은 포트폴리오라고 볼 수 있습니다. 샤프지수를 구하는 방법은 다음과 같습니다.

$$\text{샤프지수(Sharpe Ratio)} = \frac{\text{포트폴리오 수익률 − 무위험 수익률}}{\text{포트폴리오 위험}}$$

포트폴리오 수익률은 연환산 수익률을 의미하고, 무위험 수익률은 일반적으로 은행 CD 금리* 등 안전자산의 수익률을 활용합니다. 포

---

* 양도성예금증서(CD)가 발행되어 유통시장에서 거래가 이루어질 때 적용되는 금리

트폴리오 위험은 '연환산 표준편차'를 입력합니다. 여기서 표준편차란 투자에서는 보통 '변동성 혹은 위험'을 측정하는 용어입니다. 평균적인 수익률에서 얼마만큼 성과가 플러스 혹은 마이너스로 변동하는지, 즉 어느 정도의 변동성을 지녔는지를 측정하기 위해 사용되며, 이 수치를 연간으로 환산한 연환산 표준편차를 이용하는 것이 일반적입니다.

그렇다면 앞의 공식을 활용해 표준편차를 한번 계산해볼까요? 포트폴리오 수익률이 10%, 은행 CD 금리가 3%이고, 포트폴리오의 표준편차가 5%라고 가정할 경우 샤프지수는 (10%-3%)/5%=1.4가 됩니다. 무위험수익 대신 한 단위의 위험자산에 투자해서 얻은 초과수익률의 크기라는 관점에서, 샤프지수가 1을 초과하는 경우 일반적으로 효율적인 투자가 이루어졌다고 평가됩니다. 본인이 투자를 직접 하든 투자 가능한 투자상품을 선택하든 해당 투자가 얼마나 효율적으로 이뤄지고 있는지 알기 위해서는 샤프지수를 확인해야 합니다.

나는 어느 정도의 위험을
감당할 수 있을까?

앞서 살펴본 것과 같이 투자에서 변동성을 이해하는 것은 매우 중요합니다. 그런데 각각의 자산별로 투자 비중을 어떻게 결정하느냐에 따라 투자자가 감내할 수 있는 변동성과 이에 따라 기대할 수 있는 수익률 수준이 달라집니다. 사람마다 투자 성향이 다르고, 본인이 감내할 수 있는 위험 수준과 기대하는 수익률 수준이 다르기 때문에 나에게 적합한 포트폴리오를 잘 이해하고 투자하는 것이 매우 중요합니다.

이를 이해하기 위해서는 '고통 없이는 얻는 것도 없다(No pain,

no gain)'라는 말처럼 위험을 감수하는 만큼 수익을 얻을 수 있다는 점을 이해해야 합니다. 너무 보수적인 성격의 포트폴리오에 투자하면 안정성은 높겠지만 목표 금액을 달성하지 못할 수 있습니다. 반대로 내가 감내할 수 있는 위험 수준 대비 지나치게 변동성이 높은 포트폴리오에 투자한다면 불안한 마음에 안정적으로 투자를 지속하지 못할 가능성이 높아지죠.

○●● 평균 수익률에 속지 마라

간단한 예를 통해 살펴보겠습니다. 다음 표를 보면 지난 2002년부터 2021년까지 약 20년간 주식에만 100% 투자했을 경우 연평균 9.5%의 높은 수익률을 얻을 수 있었다는 사실을 확인할 수 있습니다. 하지만 이와 같은 수익률을 얻기 위해 20년 동안 겪어야 했던 과정은 순탄치 않았습니다. 연평균 23%에 달하는 높은 변동성을 묵묵히 견뎌야 했을 뿐만 아니라, 중간에 2008년 글로벌 금융위기와 같은 구간을 겪으며 단기간에 50% 이상 손실이 발생하는 경험도 했을 것이기 때문입니다. 그렇기 때문에 포트폴리오를 결정할 때는 꼭 변동성을 반영해야 합니다.

• 자산배분 포트폴리오 수익률 •

(2002~2021)

투자 비중	연평균 수익률	연평균 변동성	최대 손실 폭	손실 발생 연수
주식 100%	9.5%	22.9%	−55%	3
주식 90%·채권 10%	9.1%	17.0%	−51%	3
주식 80%·채권 20%	8.7%	14.9%	−46%	3
주식 70%·채권 30%	8.3%	12.9%	−41%	3
주식 60%·채권 40%	7.8%	10.9%	−36%	3
주식 50%·채권 50%	7.3%	9.0%	−30%	3
주식 40%·채권 60%	6.8%	7.1%	−23%	3
주식 30%·채권 70%	6.2%	5.4%	−18%	3
주식 20%·채권 80%	5.6%	4.0%	−13%	2
주식 10%·채권 90%	5.0%	3.3%	−7%	1
채권 100%	4.3%	3.6%	−7%	2

• 주식(S&P 500 지수), 채권(미국 종합 채권 지수)   출처: 블룸버그(Bloomberg)

　가상의 포트폴리오 A와 B가 있고, 여러분이 둘 중 한 가지를 선택해 투자해야 한다고 가정해 보겠습니다. 포트폴리오 A는 그동안 연간 4%의 수익률을, 포트폴리오 B는 연간 8%의 수익률을 기록했다는 정보만 주어졌을 경우 많은 사람이 당연히 상대적으로 수익률이 우수했던 포트폴리오 B를 선택할 것입니다.

　그런데 여기에 변동성이라는 정보를 추가해 보겠습니다. 포트폴리오 A의 연간 변동성이 4%이고, B의 경우 16% 수준이라고 가정해 보죠. 이것이 의미하는 바를 통계적인 측면에서 쉽게 풀이하자면 포트폴리오 A는 수익률의 범위가 평균 수익률 4% 대비 위아래로 4%씩 움직일 수 있다는 뜻이고, 포트폴리오 B는 수익률의 범위가 평균 수익률 8% 대비 위아래로 16%씩 움직일 수 있다는 뜻입니다. 최악의 경우, 내가 당장 돈이 필요한 순간에 자산의 가치는 -16%의 수익률을 기록하고 있을 수도 있는 것이죠. 이 경우 앞서 포트폴리오 B를 선택했던 사람들 중에서 손실에 민감한 사람들은 높은 위험을 감내하기 어려워 포트폴리오 A로 선택을 바꿀 것입니다.

○●● 나에게 맞는 포트폴리오 만드는 법

이와 같이 나에게 적합한 포트폴리오에 투자하기 위해서는 자신의 위험 성향을 파악해 내가 감내할 수 있는 수준의 변동성을 이해하고, 이를 반영한 포트폴리오를 구성해야 합니다.

물론 앞선 사례에서와 같이 100% 주식으로만 구성된 공격적인 투자 포트폴리오는 아직 은퇴까지 시간이 많이 남아 있는 20~30대에게는 도전해볼 만한 좋은 투자 방법일 수 있습니다.

아직 은퇴를 맞이하기 전까지 일할 수 있는 기간이 많이 남았다면 투자 과정 중 손실이 발생하더라도 충분히 시간을 갖고 버틸 수 있기 때문입니다.

다만 그중에서도 높은 변동성을 충분히 견딜 수 있는 고위험 성향의 투자자들만이 100% 주식투자 포트폴리오에 적합합니다. 나이는 젊지만 원금을 조금이라도 잃는 것이 싫고 안정적인 이자 수익을 기대하는 투자자에게는 반대로 100% 채권 등 안전자산으로만 구성된 포트폴리오가 낫습니다.

100% 주식으로 구성된 포트폴리오와 100% 채권으로 구성된 포트폴리오 중 여러분에게 적합한 포트폴리오는 어느 쪽인가요? 물론 한 가지 자산에 100% 투자하는 것이 아니라 주식 같은 위험자산*과 채권 같은 안전자산**의 비중을 적절하게 혼합하여 투자하는 포트폴리오도 얼마든지 선택할 수 있습니다. 이것이 바로 '자산배분'의 기본적인 개념입니다. 자산배분을 통해 한 가지 자산이 아니라 성격이 다른 다양한 자산에 분산투자하는 포트폴리오를 만들면 위험(변동성)을 줄일 수 있습니다. 주식이나 원자재

---

* 변동성이 높은 자산을 말한다. 대표적인 예로 주식이 있다.
** 변동성이 낮은 자산을 말한다. 대표적인 예로 은행 예금이 있다.

등 위험자산과 예금이나 채권 등 안전자산의 가격은 보통 서로 다른 방향으로 움직이므로, 주식시장 등에 급격한 변화가 발생하여 하락하더라도 안전자산에 투자된 비율만큼 충격이 상쇄되고 전체적인 수익률 변동폭을 축소할 수 있게 됩니다. 반대로 주식시장이 전반적으로 상승하는 국면에서는 투자된 주식 등 위험자산 비중에 따라 수익을 추구할 수 있죠.

자산배분은 투자의 세계에서 통하는 막강한 전략입니다. 투자 성공 및 목표 달성을 위해서는 변동성을 관리하는 것이 매우 중요한데, 자산배분은 이와 같은 변동성 관리를 가장 쉽게 할 수 있는 지름길이기 때문입니다.

자신의 위험 성향을 파악하는 것의 중요성과 자산배분의 필요성을 이해했다면 앞으로는 자산배분을 하기 위한 기본적인 정보를 비롯하여 대표적인 자산배분 전략, 성공적인 투자를 위해 주의해야 할 점 등을 하나씩 알아보도록 하겠습니다.

MBTI 검사는 사람들을 16가지 성격 중 하나로 나누며, 이는 크게 4가지 성향으로 다시 분류할 수 있습니다. 각 성향은 사람들이 정보를 처리하는 방식을 나타내며, 이 성향에 따라 대인관계, 육아, 일과 돈, 투자에 대한 접근 방식까지 달라진다고 하죠. 여기서는 MBTI 성향에 따른 투자 스타일과 팁을 알아보겠습니다. 그렇다고 MBTI에 맞는 특정 투자 방식만 고수해야 한다는 뜻은 아닙니다. 단지 본인의 성향에 맞는 투자 방식을 엿본다는 마음으로, 재미로 봐주세요.

성향 1: 수호자Guardian – 책임감과 의무감이 강해요

➡ MBTI 유형: ISTJ, ISFJ, ESTJ, ESFJ

수호자 유형은 책임감과 의무감이 강한 성격이기 때문에 장기적인 재무 계획이 어울립니다. 수호자 성향의 사람들은 경제적인 안정을 좋아하고, 투자 또한 마찬가지입니다. 이들은 정돈된 상태를 유지하고 삶이 순탄해야 행복을 느낍니다. 따라서 수호자 유형은 장기적인 수익을 위한 과정에서의 단기적인 손실을 잘 견딜 수 있는 신중한 투자자 성향을 지니고 있습니다.

다만 수호자 유형은 지나치게 위험이 높은 자산에 돈을 잃는 것과 미래의 재정을 담보로 도박하는 것을 두드러기가 날 만큼 싫어합니다. 이들의 참을성 있고 보수적인 성격은 강점이지만, 너무 극단적이면 오히려 약점이 됩니다.

➡ 수호자 유형의 사람들을 위한 투자 팁

대부분의 위험 회피 성향의 사람들처럼, 예상치 못한 변화는 수호자 성향의 사람들을 불안하게 합니다. 이들은 자산을 현금으로 바꾸고자 하는 충동을 억제해야 합니다. 자신의 강점은 그대로 지니고, 위험 없이 기회는 없다는 사실을 기억해야 하죠. 너무 안정적이고 보장된 투자에만 집착하면 내 계좌의 수익이 물가 상승률만큼도 따라가지 못할 것입니다. 높은 위험이 걱정이라면 금융기관 전문가의 도움이나 로보어드바이저와 같은 온라인 투자일임 서비스를 통해 본인이 감수할 수 있는 위험 내에서 투자를 할 수 있도록 도움을 받을 수 있습니다.

성향 2: 장인^{Artisan} 유형 – 직접 하는 것을 좋아해요

➡ **MBTI 유형:** ISFP, ESFP, ISTP, ESTP

장인 유형은 삶의 모든 면에서 모험과 재미를 추구하고, 투자 또한 이와 다르지 않습니다. 장인 유형은 직접 투자하는 경험을 통해 배우는 것을 선호하기에, 경제 기사를 읽는 방식으로 투자 경험을 쌓기는 어렵습니다. 이들은 투자에 관심만 생기면 금방 능숙하게 투자를 할 수 있습니다.

장인 유형은 새로운 기회를 잘 포착합니다. 또한 공격적이고 위험한 투자 스타일 덕분에 시장 변동에 유연하게 대처할 수 있습니다. 그러나 이러한 유연함은 양날의 검이라 할 수 있습니다. 지루하다고 느끼면 기존 투자 계획을 고수하는 자제력이 부족해 산만해지기 때문입니다. 본인이 투자에 대한 흥미를 유지할 수 있도록 공격적인 투자 스타일을 고수하되 항상 계획을 세우고 따를 수 있도록 해야 합니다.

➡ **장인 유형의 사람들을 위한 투자 팁**

투자를 즐기는 것은 좋지만, 내 전 재산을 공격적으로 투자하는 것은 주의해야 합니다. 본인의 고위험 성향에 적합한 전략을 찾을 수 있도록 전문가들의 의견을 듣는 것도 중요합니다. 또한 투자를 할 때 시장이 위아래로 크게 출렁거려 손실이 발생할 수 있다는 점에 대해서 명확히 이해하고 있어야 합니다. 장인 유형이라면 출렁거림이 큰 암호화폐에 투자하는 것을 재미있어할 확률이 높습니다. 이 경우에도 가용 자금의 일부만 투자해 재미와 만족을 느끼면서도 동시에 위험 관리를 병행해야 한다는 점을 잊지 말아야 합니다.

성향 3: 이상주의자^{Idealist} – 돈보다는 가치가 중요해요

➡ **MBTI 유형: INFJ, ENFJ, INFP, ENFP**

이상주의자 유형은 돈 자체보다 다른 것에 더 관심이 있습니다. 개인의 정체성, 성장, 대인관계 등을 통해 세상을 바라보며, 금융을 포함한 삶의 모든 영역에 이러한 가치를 반영하고 싶어하죠.

이에 따라 이상주의자 유형은 자신의 돈이 미치는 영향과 돈이 어디에 투자되는지에 관심이 많습니다. 자신의 가치와 맞지 않거나 반하는 곳에는 투자하기를 꺼려할 가능성이 높죠. 즉 가족, 종교, 좋아하

는 자선단체 등에 도움이 되는 부를 창출하고 싶어합니다. 이상주의
자들이 주의해야 할 점은 가치에만 적합하다고 생각하면 다른 유형
의 사람들에 비해 수익률에 덜 신경 쓴다는 점입니다. 하지만 본인의
가치에만 부합한다면 장기투자가 가능한 성향입니다.

➡ **이상주의자 유형의 사람들을 위한 투자 팁**

가치 기반 및 사회적 책임 투자는 이상주의자 유형의 투자 관심을 유
도할 수 있습니다. 이들에게 투자는 정체성의 연장이며, 이들의 투자
결정은 자신의 가치를 반영해야 합니다. ESG 등 사회적 가치나 친환
경 등과 관련된 기업에 투자해 자신이 추구하는 가치와 부합하는 재
무 성과를 달성할 수 있습니다.

성향 4: 합리주의자^{The Rational} – 논리적인 투자를 좋아해요

➡ **MBTI 유형: INTJ, ENTJ, INTP, ENTP**

합리주의자 유형은 일의 진척 상황을 아는 것을 좋아합니다. 호기심
이 많고 논리적이기에, 세상을 풀어야 할 퍼즐이라는 관점으로 접근
합니다. 특정 투자에 감정적으로 집착하지 않고, 투자 자체를 배우는
것을 즐깁니다. 합리주의자 유형은 모난 곳 없는 균형 잡힌 포트폴리
오를 선호할 가능성이 높습니다. 이들은 평균적인 사람들보다 돈을
잘 벌며, 투자 자산이 늘어나는 것을 보며 즐깁니다.

➡ 합리주의자 유형의 사람들을 위한 투자 팁

이들은 자신의 돈으로 직접 투자하는 방식을 취하는데, 이런 방식은 너무 세세하게 통제하거나 최적화에 대한 강박적인 욕구로 변질될 수 있습니다. 시장의 타이밍을 맞추려는 사람들은 그렇지 않은 사람들보다 좋지 못한 수익을 얻는다는 사실을 대부분의 연구에서 볼 수 있습니다. 자신이 직접 처음부터 끝까지 조정하는 투자 옵션이 매력적으로 보일지라도, 펀드의 많은 부분을 패시브 투자하는 것이 장기적으로 더 좋은 성과를 보여줄 수 있다는 점을 인지해야 합니다. 또한 합리주의자들은 분석에만 빠져, 오히려 정보의 홍수 속에서 아무 것도 하지 못하는 상태를 피해야 합니다. 투자 기업에 대한 조사를 한 후에는 결정을 빠르게 내리고, 다음 단계로 넘어갈 수 있도록 해야 합니다.

지금 책을 읽는 독자 여러분은 어떤 성향의 투자자인가요? 앞서 말한 투자 스타일이 본인의 MBTI와 잘 맞나요? 사실 어떤 투자 성향이어도 상관없습니다. 왜냐하면 우리는 이 책을 통해 모든 투자 성향을 아우르는 '자산배분'이라는 만능 투자법에 대해 자세히 배울 것이기 때문입니다.

선수가 아니라
감독처럼 투자하라

자산배분 전략의 개념은 스포츠에서 팀을 구성하는 것과 비교하면 쉽게 이해할 수 있습니다. 다양한 스포츠 중에서도 전 세계 팬들이 열광하는 축구를 예로 들어 비유해 보겠습니다. 축구 리그에는 화끈한 공격형 축구로 다득점을 추구하는 공격적 성향의 팀이 있는 반면 촘촘하고 빈틈없는 수비를 통해 실점을 최소화하는 수비형 축구를 표방하는 팀이 있습니다. 그러나 공수가 조화를 이루지 못한 채 무조건 한 가지 성향만을 지나치게 추구할 경우, 원하는 승리를 달성하기 어려워집니다.

아무리 득점을 많이 해도 실점이 더욱 많다면 패배할 수밖에 없고, 아무리 실점이 적더라도 득점이 그보다 더욱 적다면 그 경기 역시 패배로 마치게 될 것입니다. 공격이 잘 풀리지 않을 때는 수비수들이 노력하여 최대한 실점 없이 경기를 지켜내야 하며, 수비에 집중하다가도 적절한 역습 찬스에는 적극적인 공격을 통해 득점에 성공하는 완급 조절을 해내는 전략을 잘 활용해야 승리에 다가설 수 있죠.

○●● 포트폴리오의 감독이 되어
자산 선수들을 배치하라

어떠한 축구팀도 단 한 명의 스타 플레이어에게만 의존하여 시즌을 풀어나갈 수는 없습니다. 물론 그들이 차지하는 비중과 역할이 경기를 크게 좌지우지할 수는 있지만 화끈한 공격이 좋다고 공격수만으로 팀을 꾸릴 수는 없으며, 실점이 싫다고 골키퍼만으로 경기를 이끌 수도 없습니다. 각 포지션에서 각각의 역할을 맡은 선수들이 제 역할을 해줄 때 비로소 경기에서 승리할 수 있죠.

자산배분도 이와 마찬가지입니다. 전 세계 경제가 꾸준히 상승

● 원하는 승리(투자 목표)를 달성하기 위해 필요한 공수의 조화

하는 확장 국면이고 시중에 풀린 유동성이 풍부해 위험자산에 유리한 환경이 만들어진 경우(강세장), 주식이나 원자재와 같이 공격적인 위험자산들이 높은 수익률로 전반적인 포트폴리오의 성과를 견인할 수 있습니다.

　그러나 글로벌 경기가 침체기에 접어들거나, 예상치 못한 급락장이 연출될 때는 채권, 금, 달러 등 소위 안전자산이라고 불리는 자산들이 포트폴리오의 위험을 분산시키고 성과를 지켜내줄 수 있는 것입니다.

자산군별 성과는 계속 달라진다

하지만 각각의 국면을 정확히 진단하고 해당 국면에 알맞은 자산군을 선택했다 해도(예 강세장에서 주식 비중 확대) 해당 자산군 내에서 우리의 선택이 당초 기대에 부응하지 못할 수 있습니다(예 주식 안에서도 지역, 업종, 스타일 등의 전략 성과가 모두 다름).

달이 차면 기울듯 특정 자산군이 항상 꾸준히 좋은 성과를 기록할 수는 없으며 자산군별 성과는 매년 달라집니다. 또한 각 자

· 매년 달라지는 자산군별 성과 ·

2013	2014	2015	2016	2017	2018	2019	2020	2021
미국 주식 +32.1%	부동산 +27.2%	미국 주식 +3.7%	미국 주식 +12.0%	미국 제외 주식 +25.0%	인플레이션 +1.9%	미국 주식 +31.5%	금 +24.2%	부동산 +39.9%
미국 제외 주식 +22.6%	미국 주식 +13.5%	미 국고채 +1.2%	원자재 +9.3%	미국 주식 +21.8%	미 국고채 -0.11%	부동산 +28.1%	미국 주식 +18.4%	원자재 +38.5%
부동산 +3.2%	미 국고채 +10.8%	부동산 +1.1%	부동산 +6.%	금 +11.9%	금 -1.2%	미국 제외 주식 +22.0%	미 국고채 +11.3%	미국 주식 +28.7%
인플레이션 +1.5%	회사채 +7.5%	인플레이션 +0.7%	금 +9.1%	부동산 +9.3%	회사채 -2.2%	금 +18.8%	미국 제외 주식 +9.8%	미국 제외 주식 +11.3%
회사채 -1.5%	인플레이션 +0.7%	미국 제외 주식 +0.5%	회사채 +6.0%	회사채 +6.5%	부동산 -4.1%	회사채 +14.2%	회사채 +7.8%	인플레이션 +7.1%
원자재 -3.6%	금 -0.2%	회사채 -0.4%	인플레이션 +2.1%	미 국고채 +2.9%	미국 주식 -4.4%	미 국고채 +9.6%	부동산 +5.%	회사채 -0.95%
미 국고채 -9.0%	미국 제외 주식 -5.0%	금 -10.%	미국 제외 주식 +1.0%	인플레이션 +1.1%	원자재 -11.8%	원자재 +9.5%	인플레이션 +1.3%	금 -3.8%
금 -27.8%	원자재 -17.4%	원자재 -21.9%	미 국고채 +0.7%	원자재 +0.7%	미국 제외 주식 -13.8%	인플레이션 +2.3%	원자재 -10.4%	미 국고채 -4.5%

· 인플레이션(US CPI), 미 국고채(미국 10년물 채권), 미국 주식(S&P 500), 미국 제외 주식(MSCI EAFE), 회사채(메릴린치 미국 회사채 지수), 부동산(FTSE Nareit All 리츠 지수), 원자재(로이터 CRB 원자재 지수), 금(런던 금 가격)

출처: 불리온 볼트(Bullion Vault 2022)

산군 내에서도 매년 상대적으로 우월한 지역, 국가, 업종, 종목이 계속 달라지는 현상이 일반적이죠.

앞의 표는 지난 2013년부터 2021년까지 각 자산군별 평균 성과를 나타내고 있습니다. 표를 보면 특정한 한 해에 부진한 성과를 기록했던 자산이 다음 해에는 가장 좋은 성과를 기록하기도 하고, 또 그다음 해에는 다시 부진해지는 등 해마다 매우 불규칙적인 변화를 보이는 것을 확인할 수 있습니다.

우리가 매년 매 순간 어떤 자산이, 어떤 지역과 국가가, 어떤 종목의 성과가 좋을지 나쁠지 그 방향을 맞춘다는 것은 현실적으로 불가능합니다. 이는 투자를 업으로 삼는 전문가들에게조차 어려운 일이니까요. 따라서 한국 주식이 기대에 부응하지 못할 때 미국이나 중국 등 다른 주식 포지션이 성과를 뒷받침하기도 하고, 국고채*가 예상과 달리 부진하면 회사채**가 수익에 기여하는 등 성공적인 투자 목표 달성을 위해서는 체계적인 팀 플레이가 무엇보다 중요합니다.

우리 모두는 선수가 아닌 '자산배분 포트폴리오'라는 팀을 이

* 정부가 국가의 재정 정책 수행에 필요한 자금을 조달하기 위해 공공 목적에 필요한 공공자금관리기금의 부담으로 발행하는 국채
** 주식회사가 시설투자나 회사 운영을 위한 장기자금을 조달하기 위해 발행하는 채권

끌어가는 한 명의 '감독'이 되어야 합니다. 상황에 따라 총체적인 전략과 필요한 선수 구성을 유연하게 변경해가며, 최종 승리를 위해 장기적인 시각에서 최선을 다해야 합니다. 공격과 수비의 균형을 맞춘 하나의 유기적인 축구팀과 같이 다양한 자산에 자금이 잘 분산된 자산배분 투자를 활용한다면 성공적인 투자로 한 걸음 나아갈 수 있습니다.

자산 선수별
포지션과 특징

 포트폴리오를 구성할 때 가장 중요한 질문은 '어떤 주
식을 살까요?'가 아니라, '공격적 자산과 안정적 자산의
비중을 각각 얼마씩으로 배정할까요?'입니다. 자신의 전략에 따
라 각 자산의 비중을 잘 조절하는 게 포트폴리오의 핵심이죠.

이런 점에서 모든 투자자들은 내 금융자산의 감독이라고 볼 수
있어요. 다음 그림처럼 공격수와 미드필더, 수비수에 각각 어떤
비중을 배분할지를 결정하는 것이 중요합니다.

◦●● 전략에 따라 달라지는 자산의 포지션과 비중

축구에서 공격적 전략을 구사할 경우 득점은 많이 기록할 수 있지만 상대방이 역습할 때 실점 위기가 쉽게 찾아옵니다. 반대로 수비 중심의 전략은 다득점이 어렵지만 실점을 최소화할 수 있는 장점이 있죠. 투자도 마찬가지입니다. 공격적인 자산배분을 할 경우 기대 수익이 상승하지만 시장이 급변하게 되면 자산 가치의 하락 폭이 큽니다. 반대로 원금 손실 가능성이 낮은 보수적인 자산배분을 할 경우 속도는 느리지만 꾸준하게 자산을 늘릴 수 있습니다.

포지션	비중	기대 수익률	포지션	비중	기대 수익률
공격수	50%	10%	공격수	20%	10%
미드필더	30%	5%	미드필더	30%	5%
수비수	20%	1%	수비수	50%	1%
합계	100%	6.7%	합계	100%	4%

    그러면 우리는 공격수, 미드필더, 수비수에 각각 어떤 비중으로 자산을 배치해야 할까요? 은퇴 전문가들은 은퇴 시기가 많이 남은 사람일수록 공격적 전략을 구사하고, 은퇴 시기가 다가올수록 수비적 전략으로 자산 비중을 수정할 것을 권합니다. 은퇴 시기까지 시간이 많이 남았다면 ①증시가 조정을 겪더라도 반등까지 기다릴 시간 여유가 있고 ②앞으로 수입이 늘어날 가능성이 크므로 투자 자금이 계속 투입될 수 있기 때문입니다.

    또한 투자에 대한 개인의 성향 역시 전략 설정에 중요한 변수입니다. 자산 가치의 변동을 견딜 수 있는 성향이라면 공격적 자산 배분을 유지하는 것이 좋은 반면, 원금 손실에 대한 두려움이 크거나 자산 가격 변동을 견디기 힘든 성향이라면 인내심을 갖고 수비적 전략을 유지하는 것이 바람직합니다.

    각 포지션별로 고려할 수 있는 자산들은 아래와 같습니다. 흔

포지션 분류	주요 선수	선수 소개
공격수	주식	주식회사가 자금을 조달하기 위해 발행한 증서. 미국 주식, 선진국 주식 등 다양한 시장. 종목 투자 가능
	파생상품	기초자산 외 가치 변화에 따라 가격이 결정되는 금융상품으로 선물, 옵션, 스왑 등이 있음. 소액 투자로 위험을 최소화하는 목적으로도 활용되지만, 레버리지 투자로 고수익을 창출하기 위한 수단으로도 많이 활용
	원자재	금, 원유, 구리 등 공업생산의 원료 및 귀금속, 농산물 등을 의미. 직접 투자 및 저장이 어려워 펀드, 파생상품, ETF·ETN 등으로 투자
미드필더	ELS	주가연계증권(Equity Linked Securities)으로 투자금의 대부분을 채권투자 등으로 원금보장이 가능하도록 설정한 뒤 나머지 소액으로 주가지수나 개별종목에 투자하는 형태의 유가증권. 원금보장형이 아닌 경우 수익구조가 복잡할 수 있고, 원금손실 가능성이 존재하여 주의 필요
	하이일드 채권	신용등급이 낮은 회사가 발행한 채권으로 일종의 고수익·고위험 채권. 이자율이 상대적으로 높지만 그만큼 부실 가능성이 커서 원리금 상환에 대한 불이행 위험도 높음
	부동산 리츠	투자자들로부터 자금을 모아 부동산이나 부동산 관련 지분에 투자하여 발생한 수익금을 배당하는 형태의 신탁상품
수비수	예금	광범위하게는 일정한 계약에 의해 금융기관에 금융자산을 맡기는 행위를 뜻하며, 원금과 이자를 기대할 수 있는 안정적 수단
	국고채	정부가 공공 목적에 필요한 자금 확보를 위해 발행하는 채권으로 국가가 보증하는 만큼 높은 안정성을 보유한 대표적 안전자산

* 이 자산군 외에도 다양한 자산이 존재하며, 이해를 돕기 위해 일부 자산을 예시로 설명

히 '투자' 혹은 '자산관리'라고 하면 주식을 떠올리기 쉽지만, 주식은 기업의 성장성과 수익성 그리고 거시 환경에 따라 가격이 급변하는, 투자 위험이 높은 자산입니다. 미드필더로 분류된 대표적 자산들은 원금 손실 위험이 주식이나 원자재보다 낮은 반면, 기대 수익은 예금과 채권 대비 높습니다. 수비수 자산들은 원금 보존에 중점을 두고 있죠.

○●● 감독이 직접 경기에 참여할 필요는 없다

따라서 내 금융자산을 공격수, 미드필더, 수비수 자산에 각각 어떤 비중으로 배치할지 결정하고 각 포지션에 맞는 세부 자산들을 선택한 후 투자를 시작해 보세요.

여러분은 감독이기 때문에 각 포지션 내의 모든 자산을 직접 운용할 필요는 없습니다. 예를 들어 주식 자산에 100%를 배치한 후, 모든 주식을 직접 고르고 매매한다면 감독이 경기에 투입되어 직접 뛰는 것과 같아요. 이 경우 세부적인 의사결정에 너무 많은 시간과 노력을 기울이게 되어 오히려 자산관리의 큰 그림을 놓치게 될 수 있답니다. 따라서 각 자산들은 펀드나 ETF, 로보어드바이저 등을 통해서 관리해 본인이 직접 매매하는 자산 비중을 지나치게 높게 설정하지 않는 것이 소중한 일상을 지키며 자산을 관리하는 현명한 방법입니다.

또한 현재 수비적인 자산 구성을 공격적 전략으로 변경하기로 결정했다면, 현재 상태에서 목표로 하는 전략 비중으로의 조정은 최소 6개월에서 1년에 걸쳐 순차적으로 진행해야 합니다. 이것이 각 자산의 매입 가격을 분산시켜 매매 시점의 운과 불운으로부터 자유로워질 수 있는 효율적인 방법입니다.

꼭 기억해야 할
자산배분의 3대 원칙

지금까지 자산배분의 필요성과 자산배분에서 활약하는 각 자산에 대해서 알아보았습니다. 이번에는 자산배분을 할 때 반드시 기억해야 하는 원칙을 알아보겠습니다. 이는 자산배분의 3대 원칙이라고 불리며 '자산의 분산, 통화의 분산, 그리고 시점의 분산'을 말합니다. 여기서는 각 분산 방법에 대해 하나씩 자세히 설명하겠습니다.

○●● 자산배분의 3대 원칙

1. 자산의 분산: 다양한 자산에 분산하여 투자하라

'자산배분' 혹은 '분산투자'라고 하면 많은 사람이 주식과 채권으로 나눠서 투자하는 것을 떠올립니다. 일반적으로 금융상품에서는 이러한 포트폴리오를 '혼합형'이라고 부릅니다. 그러나 투자에 이보다 조금 더 관심이 있는 사람들은 주식, 채권 등 전통적인 자산 외에도 부동산 리츠, 원자재, 인프라, 더 나아가서는 헤지펀드* 등 다양한 대체투자까지도 분산투자에 활용하고 있습니다.

무조건 투자하는 자산군이 많다고 좋은 것만은 아닙니다. 하지만 더욱 정교한 자산배분 포트폴리오를 구성하기 위해서는 주식과 채권 외에도 다양한 자산을 활용하는 것이 좋습니다. 또한 주식 등 하나의 자산군 내에서도 미국, 유럽과 같은 선진국 주식은 물론 한국을 비롯한 신흥국까지 포함해 여러 국가에 투자하는 등 자산을 더욱 다양하게 분산하여 넓은 시각에서 광범위하게 투자하는 것이 중요합니다.

* 소수의 투자자로부터 자금을 모집해 운영하는 펀드

2. 통화의 분산: 원화뿐 아니라 다른 통화를 보유하라

통화 역시 자산배분에 있어 매우 중요한 부분을 차지한다는 사실을 모르는 투자자도 많습니다. 여기서 통화란 지폐와 동전 등 지급 수단의 의미보다는 FX^{Foreign Exchange}, 즉 외화 거래를 의미합니다. 물론 통화 자체를 투자대상으로 접근하여 특정 통화의 강세, 약세 등에 투자하는 방향성 매매도 가능합니다. 예를 들어 일본 엔화의 강세가 예상될 때 엔화를 매수하고, 중국 위안화의 강세가 예상될 때 위안화를 매수하는 것이 이에 해당하죠.

그렇지만 통화를 하나의 '투자 종목'의 개념으로 접근하는 것 외에 '전체 포트폴리오의 관점에서 기초 통화' 개념으로서 선택하는 것도 자산배분 전략이 될 수 있습니다. 예를 들어 자산배분 포트폴리오를 구성할 때 미국 달러로 환전한 뒤 주식, 채권, 원자재 등에 투자하는 경우 미국 달러로 된 포트폴리오를 갖게 되므로 자산군에 대한 투자 외에 미국 달러에 대한 투자를 병행하게 되는 것입니다. 이와 같은 개념은 특히 한국 투자자들에게 매우 중요합니다. 한국 시장은 대표적인 신흥국이자 외부 변수에 취약한 까닭에 환율의 급등락이 주기적으로 나타나기 때문입니다.

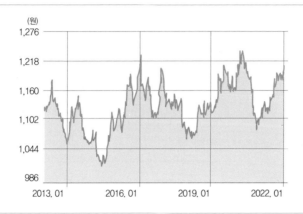

• 10년간 달러·원 환율 변화 그래프 •

출처: 신한은행

위 그래프는 환율의 변동이 얼마나 큰 폭으로 발생했는지 보여줍니다. 이는 만약 국내 주식에만 투자하지 않고 달러 투자를 함께 했다면 달러 투자의 성과를 통해 국내 주식에서의 손실을 대부분 만회할 수 있었다는 뜻이 됩니다.

물론 자국 편향Home bias*에 따라 한국 사람들은 아무래도 본인에게 익숙한 원화 기준의 투자를 선호하고 환율 변화에 영향받는 것을 꺼려하는 경향이 있습니다. 최근에 서학개미로 불리우는 해

---

* 본인이 소속되어 있거나 친숙한 국가에 투자가 편향되는 현상. 예를 들어 한국인의 경우 한국시장에만 투자하는 경우, 자국 편향된 투자라고 말할 수 있다.

파트 1. 선수가 아니라 감독처럼 투자하라

65

외투자자가 늘어나고 외화를 바탕으로 투자하는 문화가 크게 늘었다고는 하지만, 여전히 해외펀드 동향을 살펴보면 환노출*형 펀드에 비해 환헤지**형 상품이 다수를 이루는 등 한국 투자문화에서는 통화에 대한 투자는 다소 보수적인 성향이 지배적입니다.

그러나 대부분의 투자자산이 국내 금융자산(원화) 기반인 한국 투자자들에게는 통화의 분산, 특히 달러 기반의 투자를 통해 포트폴리오의 수익률을 방어하고 혹시 모를 위험에 대비하는 것이 반드시 필요합니다.

• 금융위기 당시 주요 주식시장 수익률과 달러·원 환율 •

(2007.6.~2008.12.)

미국 주식	선진국 주식	신흥국 주식	한국 주식	환율
-40.01%	-44.46%	-46.49%	-35.51%	36.33%

• 미국 주식(SPY US), 선진국 주식(EFA US), 신흥국 주식(MSCI EM), 한국 주식(KOSPI), 환율(USD-KRW Currency)

출처: 블룸버그

* 다른 나라의 통화를 이용하여 거래를 할 때 환율 변동을 미리 고정하기보다 환율 변동으로 인해 발생할 수 있는 환차익이나 환차손에 그대로 노출하는 방식

** 다른 나라의 통화를 이용하여 거래를 할 때 환율 변동으로 인하여 발생할 수 있는 환위험을 막기 위해 환율을 미리 고정해 두는 것을 뜻하며, 주로 선물환과 옵션 등을 통해 이뤄진다.

표와 같이 글로벌 금융위기 등 시장의 위험이 높아지는 경우 대다수의 주식시장이 일시에 급락하며 지역 및 국가 선택과 무관하게 동반 하락이 나타날 수 있습니다. 실제 2008년 글로벌 금융위기 당시 미국을 비롯하여 한국 등 주요 증시가 적게는 -30%대에서 많게는 -40% 후반 수준까지 급락하며 일제히 큰 폭의 하락세를 연출했던 바 있습니다.

그렇다면 당시 달러는 어떤 흐름을 보였을까요? 한국 투자자 입장에서의 효과를 측정하기 위해 달러·원 환율의 변화를 통해 살펴보겠습니다. 같은 기간 달러·원 환율은 글로벌 기축 통화인 달러를 매수하고자 하는 안전자산 선호 심리가 강화되면서 무려 36%를 상회하는 높은 상승률을 기록했습니다.

만약 이 당시 한국에 있던 투자자가 달러를 기반으로 투자하고 있었다면 주식시장 급락에도 불구하고 대부분의 하락폭을 환율 상승효과로 인해 상쇄했을 것입니다. 이러한 효과를 자연적인 방어, 혹은 자연 헤징Natural Hedging이라고 표현합니다.

이처럼 대부분의 자산이 원화를 기초로 투자되고 있는 국내 투자자들에게 통화를 분산하여 투자하는 것 또한 정교한 자산배분을 위해 매우 중요한 사항이라는 점을 다시 한번 강조하겠습니다.

3. 시점의 분산: 투자 시점을 나누고 리밸런싱*하라

일반 직장인들이 투자를 시작하는 최적의 진입 타이밍을 찾기는 현실적으로 매우 어렵습니다. 따라서 매매 타이밍을 고민하기보다는 본인에게 적합한 투자 시기와 주기를 자율적인 기준으로 나눠서 투자하는 방법을 권장합니다.

저점이라고 생각되는 타이밍에 자산을 추가로 매수하는 소위 '물타기', 혹은 물타기와 반대로 꾸준히 오를 것이라 예상하는 자산을 추가 매수하는 '불타기' 등의 투자 방식이 꼭 나쁜 것이 아닙니다. 투자에 정해진 정답은 없기 때문입니다. 오히려 한 번에 모든 자산을 집중해서 투자하는 베팅과 같은 성격의 투자가 위험도로 따지면 더 위험합니다. 본인의 투자 성향상 더 적합한 방식의 분할매매 방법을 활용하여 내게 맞는 투자 분할, 매매 시점의 분산을 하기 바랍니다.

또한 한 번 투자하고 방치하기보다는 주기적으로 내 원래의 목표 비중에 따라 자산이 운용되고 있는지 점검하고 조절하는 것이 중요합니다. 이는 리밸런싱, 혹은 교체 매매로도 불리는데 본인

---

* Rebalancing. '다시'를 의미하는 'Re'와 '균형'을 의미하는 'Balance'가 결합된 용어로 포트폴리오에서는 투자자산의 편입 비중을 재조정하는 것을 뜻한다. 자산가격이 끊임없이 변동함에 따라 시간이 갈수록 포트폴리오에서 각 자산군이 차지하는 비중도 바뀌게 되는데, 특정 시점마다 투자 비중을 원래 계획했던 비중으로 다시 바꾸며 균형을 맞추는 행위다.

1	**자산의 분산:** 다양한 자산에 분산하여 투자한다
2	**통화의 분산:** 원화 외 다른 통화도 보유한다
3	**시점의 분산:** 꾸준한 증액과 리밸런싱을 한다

의 포트폴리오에서 추구하는 투자 목표에 따라 정해진 시기마다 자산의 비중을 원래 목표로 삼았던 투자 비중대로 재조정하며 장기적으로 자산을 관리하는 것을 말합니다. 이러한 리밸런싱은 자산배분에서 큰 역할을 담당하고 있으므로 181쪽에서 더 자세히 설명하겠습니다.

개별종목 대신
ETF를 활용하면 왜 좋을까?

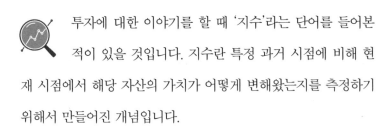 투자에 대한 이야기를 할 때 '지수'라는 단어를 들어본
적이 있을 것입니다. 지수란 특정 과거 시점에 비해 현
재 시점에서 해당 자산의 가치가 어떻게 변해왔는지를 측정하기
위해서 만들어진 개념입니다.

예를 들어 S&P 500* 지수는 미국에 상장된 기업 중 시가총액 기
준 상위 500개의 기업의 주식을 표본으로 시장 평균 가격을 산

---

* Standard & Poor's 500 Stock Index의 줄임말. 국제 신용평가기관인 미국의 스탠더드 앤
드 푸어스가 작성한 500개 대형기업의 주식을 포함한 주가지수

출하는 주가지수를 말하는데, 한마디로 미국 증시 주가가 과거에 비해 어떻게 변했는지를 측정한 데이터라고 보면 됩니다. 코스피 KOSPI지수는 한국에 상장된 기업들의 주식 가격 변동을 기준 시점과 비교한 지수죠.

ETF Exchange Traded Fund란 이러한 특정 목표 지수의 움직임을 그대로 추적하도록 설계된 뒤(지수 추종) 거래소에 상장되어 주식처럼 실시간으로 매매할 수 있도록 만들어진 금융투자상품(인덱스 펀드)입니다.

○●● ETF 투자의 장점

ETF는 전통적인 투자 수단으로 알려진 개별 주식이나 펀드 등과 비교할 경우 다양한 장점이 존재합니다. 그렇지만 여러 가지 장점 중에서도 왜 'ETF를 활용해야 할까?'라고 묻는다면 단연 '분산투자 효과' 때문이라고 대답할 수 있습니다. 즉, 자산배분을 함에 있어 ETF가 최적의 수단이 될 수 있다는 것입니다. 다음과 같이 ETF 투자의 장점을 정리해보겠습니다.

ETF 투자의 장점

1. 폭넓은 범위: 모든 글로벌 자산군에 투자 가능

- 전 세계 모든 자산, 시장, 업종, 스타일, 전략 등에 대한 편리하고 효율적인 접근 가능

2. 거래 편의성 및 높은 투명성: 투명하고 시장 변화에 대응이 빠른 구조

- 주식과 동일하게 시장에서 실시간으로 손쉽게 거래할 수 있음
- 순자산 및 보유종목 등 자산 구성과 운용 내역 등을 즉시 확인할 수 있음. 즉, 높은 투명성으로 상품에 대한 직관적인 판단이 가능
- 시장환경 변화에 적극적인 대처 가능

3. 저비용 분산투자: 장기 분산투자에 적합한 비용 경쟁력

- 상품별로 다르긴 하지만 일반적으로 펀드와 비교할 경우 낮은 보수를 적용함
- 환매수수료*가 전혀 없으며, 낮은 거래수수료 부과
- 소액으로 시장 전체를 매수하는 효과
- 장기 분산투자에 적합

---

* 증권 상품을 해지할 때 내는 수수료

4. 세제 혜택: 세금 측면에서의 장점 보유

- 국내에 상장된 주식 ETF의 경우 매매차익에 대해 비과세를 적용해 세제 측면에서 유리함. 그러나 국내 주식형을 제외한 기타(채권형, 파생형, 해외투자형) 상품은 15.4% 세율이 적용되며, 종합소득과세 대상으로 분류됨
- 해외 상장 ETF의 경우 매매차익에 대해 22%의 양도소득세를 적용함(그러나 양도차익 250만 원까지는 비과세 적용). 22%의 양도소득세 분류과세 이후 종합소득과세 대상에서 제외되어 추가적인 납세 부담이 없음

ETF의 가장 큰 장점은 합리적인 비용으로 효과적인 분산투자 효과를 줄 수 있다는 점입니다. 지수를 추종하는 ETF는 그 자체만으로도 분산투자 효과를 통해 위험을 널리 분산시키는데(예 S&P 500 ETF 1주를 매수할 경우 미국 500개 종목에 분산투자하는 효과), 이와 같은 ETF에 여러 개 분산투자하는 경우 초분산 포트폴리오를 구성할 수 있습니다.

기존에는 일반적으로 투자가 어렵거나 불가능했던 다양한 해외자산, 시장, 전략 등에 손쉽게 분산투자가 가능하고, 각 국가별 계좌 개설, 조세 제도 확인 등 불편한 준비 과정 없이 편리하게

투자할 수 있다는 장점이 있습니다. 즉, ETF는 전 세계 다양한 자산군에 투자할 수 있는 높은 접근성과 편의성을 충족시켰다는 점에서 매력적인 자산배분 수단입니다. 물론 뛰어난 분산투자 효과 외에도 ①주식처럼 시장에서 실시간 거래할 수 있어 매매 편의성과 환금성을 갖추고 있으며 ②종목과 관련된 상세 정보를 매일 실시간으로 확인할 수 있어 투명성이 높다는 점도 자산배분 전략을 구성하는 데 있어 중요한 장점입니다.

또한 자산군 내에서 더욱 세부적인 전술적 효과를 주고 싶을 때 선택할 수 있는 특정 지수, 업종, 테마 등의 광범위한 선택지가 존재한다는 점도 차별화된 요소입니다. 특히나 최근에는 팔라듐, 리튬 등 원자재를 비롯하여 변동성 지수추종 및 다양한 테마 전략 ETF가 출시되며 상상 가능한 다양한 전략을 구성할 수 있기에 개인에게 더욱 최적화된 포트폴리오를 만드는 데 있어 ETF는 필수적인 도구로 자리잡고 있습니다.

ETF 시장의 비약적인 발전에 따라 현재 액티브 ETF, 다양한 테마형 ETF, 혼합형 ETF 등이 지속적으로 출시되고 있으며, 앞으로도 출시가 계속 이어질 것으로 기대됩니다. 이는 앞으로 선택할 수 있는 선택지가 넓어진다는 것을 의미하며, 투자자들에게는 좋은 투자 수단을 찾을 기회가 될 것입니다.

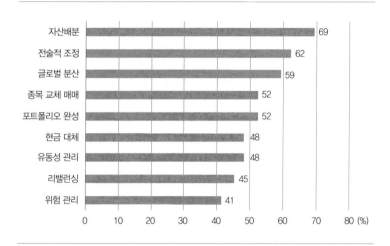

출처: 그리니치(Greenwich)

○•• 글로벌 트렌드가 된 ETF

미국과는 달리 한국에서는 아직까지 ETF를 활용한 자산배분을 어색하고 멀게 느끼는 사람들이 많습니다. 현재 미국에서는 개인 재무상담사나 로보어드바이저를 통해 ETF를 활용하여 자산배분을 하는 것이 보편화되어 있습니다. 또한 ETF만을 활용하여 포트폴리오를 서비스하는 회사들까지 폭발적으로 성장하는 등 발전을 거듭하고 있으며, 개인뿐 아니라 기관투자자의 ETF 활용 비중도 지속적으로 확대되고 있는 추세입니다. 즉, 이미 ETF가 자산배분을 위해 널리 활용되고 있죠.

  우리나라도 글로벌 트렌드에 발맞춰 ETF와 관련된 규제가 지속적으로 완화되고 있고, 최근에는 ISA*나 개인연금 계좌 등을 통한 ETF 매매까지 활성화되고 있습니다. 향후 한국에서도 ETF는 저성장, 저금리 투자환경에서 효율적인 자산배분을 위한 도구이자 핵심적인 자산관리 수단으로 자리잡아 나갈 것입니다.

* Individual Savings Account, 예·적금, 펀드, 상장지수펀드(ETF), 주식 등 다양한 금융상품에 투자하면 200만 원(서민·농어민형은 400만 원 한도)까지 비과세 혜택을 주는 상품

주식에 '몰빵'하는 교육회사 사원

- 자산관리를 시작하는 구체적인 방법이 뭔가요?

호두

- **나이 & 직업:** 만 26세, IT교육 기획 및 운영 2년 차 사원
- **연봉 & 월급:** 3000만 원(세전), 월평균 실수령액 220만 원
- **주거 형태:** 본가 거주

🔍 호두 님의 현재 자산 구성

- **예·적금:** 은행 적금 150만 원, 은행 예금 50만 원
- **투자:** 주식 2500만 원

🏆 호두 님의 돈 관리 방법

- **통장 쪼개기:** 월급이 들어오면 생활비(60만 원)와 적금(30만 원)을 빼고 증권사 계좌로 이체합니다. 그 계좌에서 주식을 추가 매매하고 있어요.
- **투자:** 대부분 주식투자로 자산을 불려나가고 있습니다.

📁 호두 님의 포트폴리오 고민

- 2020년부터 주식투자를 시작했어요. 처음 6개월 정도는 초심자의 행운으로 행복했는데, 갈수록 자꾸 손실이 나서 조급해졌습니다. **앞으로 어떻게**

자산배분을 해야 할지 막막한 상황이에요.

• 생활비를 제외하고 모든 비용을 주식으로 돌리고 있어요. 그런데 요즘 들어 지출이 늘어서, 주식계좌에 담아둔 현금을 빼서 쓰게 되네요. **지출을 통제할 수 있는 방법을 알고 싶습니다.**

쿼터백의 포트폴리오 솔루션

솔루션을 드리기 전에 먼저 호두 님의 포트폴리오를 살펴보겠습니다. 현재 예적금과 주식에만 투자되어 있네요.

· 호두 님의 금융자산 포트폴리오 ·

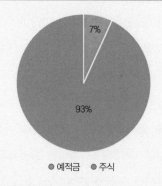

종잣돈을 모으기 위해서는 계획적인 지출이 필수입니다. 쿼터백에서 호두 님에게 다음과 같이 두 가지 제안을 해보겠습니다.

1. 월별이 아닌 연간 저축률을 정해보세요.
2. 꾸준한 신규 저축 및 투자의 힘을 잊지 마세요.

일정 금액 이하로 월별 지출을 통제하거나 월별 저축, 투자 금액을 정해놓을 경우, 지키지 못했을 때 겪는 자괴감으로 동기부여가 안 될 가능성이 높아요. 그러니 큰 그림에서 연간 저축률부터 결정해 보세요. 호두 님은 수년 내 목돈을 지출할 가능성이 높지 않으니, 목표 저축률은 약간 높게 설정하는 것을 추천합니다.

이 목표를 잘 달성하면 좋겠지만, 목표에 조금 못 미치더라도 충분히 많은 규모의 저축 및 투자 원금을 형성할 수 있을 거예요.

다음 그래프는 현재 호두 님의 금융자산(2700만 원)으로 자산관리를 시작해 연간 평균 수익률을 5%로 가정했을 때 시나리오입니다.

- **시나리오 A:** 신규 투자 및 저축액이 없을 때
- **시나리오 B:** 매월 신규 투자 및 저축액 50만 원, 매년 해당 금액을 3%씩 늘렸을 때(2022년 600만 원, 2023년 618만 원…)
- **시나리오 C:** 매월 신규 투자 및 저축액 100만 원, 매년 해당 금액을 3%씩 늘렸을 때(2022년 1200만 원, 2023년 1236만 원…)

한 달에 50만 원의 차이가 단기적으로는 크지 않아 보이지만 길게 보면 상당한 격차를 만들어내는 것을 확인할 수 있습니다. 이렇게 낙숫물이 바위를 뚫는 것처럼 장기간에 걸친 투자와 저축은 복리의 마법으로 돌아옵니다.

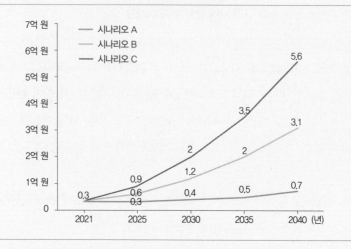

• 호두 님의 금융자산 시뮬레이션 •

Before 어떻게 자산배분을 해야 할지 막막해요

After 내가 어떤 스타일의 투자자인지 먼저 확인해보세요

많은 매체에서 '투자하는 법'을 알려주지만, 대부분 투자에 할애할 시간이 많고 투자 공부를 즐기는 사람들을 위한 정보입니다. 그렇다면 시간과 마음의 여유가 없거나, 투자가 어렵게 느껴지는 사람들은 어떻게 해야 할까요? 자산 관리를 시작하기 전에 아래 두 가지 질문에 답해보면 도움이 될 거예요.

Q1. 나는 투자에 할애할 시간과 마음의 여유가 많은가?
Q2. 나는 투자 공부가 재미있는가, 혹은 어렵고 복잡한가?

분류	투자에 할애할 시간이 많다	시간과 마음의 여유가 없다
투자 공부가 재미있다	직접투자 100%	직접투자 25% · 간접투자 75%
투자는 어렵다	직접투자 50% · 간접투자 50%	간접투자 100%

• 직접투자와 간접투자의 비중 수치는 이해를 돕기 위한 대략적인 기준임

• **직접투자:** 투자 자산의 종류와 비중, 매매 시점과 가격을 본인이 결정하는 방법으로, 현재 호두 님이 하고 있는 방법이에요.
• **간접투자:** 투자에 관련된 의사결정의 상당 부분을 믿고 맡길 수 있는 전문가에게 위임하는 것을 뜻합니다. 쿼터백과 같은 로보어드바이저 서비스를 이용하거나 펀드, 일임과 같은 금융서비스를 이용하는 방법이에요.

투자와 자산관리를 처음 시작할 때는 어떤 주식을 사고팔아야 하는지 중심으로 치우치기 쉽습니다. 하지만 그것보다 금융 투자에 할애할 수 있는 나의 시간과 투자 공부에 대한 자신의 성향을 파악하는 게 훨씬 중요하다는 걸 꼭 기억하세요.

국내에만 투자하는 제약회사 대리

- 예적금과 투자금 비율은 어느 정도가 적당할까요?

아랑

- **나이 & 직업:** 만 32세, 제약회사 구매팀 7년 차 대리
- **연봉 & 월급:** 3300만 원(세전), 월평균 실수령액 249만 원
- **주거 형태:** 본가 거주

아랑 님의 현재 자산 구성

- **예·적금:** 은행 적금 720만 원, 은행 예금 2300만 원, 증권사 예수금* 50 만 원, 비상금 320만 원, 경조사비 전용 비상금 40만 원
- **투자:** 연금저축**펀드 120만 원, ISA 200만 원, 국내 주식 1100만 원
- **대출:** 없음

---

* 거래와 관련해 임시로 보관하는 자금

** 개인이 노후생활을 안정적으로 준비하기 위해 가입하는 제도. 연금저축의 종류에는 투자 중개업자와 체결하는 집합투자증권 중개계약(연금저축펀드), 보험계약을 취급하는 기관 과 체결하는 보험계약(연금저축보험)이 있다. 국민의 노후생활을 보장하기 위해 연간 근 로소득 5500만 원 이하 근로자는 400만 원 한도의 16.5%, 연소득 5500만 원 이상 근로자 는 13.2%의 세액공제 혜택이 있다.

🏺 아랑 님의 돈 관리 방법

- **통장 쪼개기:** 급여일에 맞춰 각 통장으로 금액을 이체합니다[적금 150만 원, 비상금 5만 원, 투자금 94만 원(국내 주식 49만 원 + ISA 20만 원 + 연금저축펀드 15만 원)].

- **생활비:** 월평균 70만 원 정도 사용합니다. 연간 생활비로 840만 원을 파킹통장에 넣어두고, 매월 1일에 파킹통장에서 모임통장과 생활비통장으로 이체해요.

- **카드:** 통신비 할인을 받을 수 있는 정도로 매달 25~30만 원 정도까지만 실적을 채워서 신용카드를 사용하고, 나머지는 체크카드로 결제해요. 그 외에 주유는 10% 할인받아 충전할 수 있는 카드를 활용하고 있습니다.

- **지출 관리:** 지출할 때마다 가계부 앱에 기록합니다.

- **투자:** 국내 주식과 예적금만 해오다가 몇 개월 전부터 연말정산과 절세 혜택 등을 보려고 ISA, 연금저축펀드를 시작했습니다. 국내 주식이 현재 마이너스 상태여서 자산을 불려 나가고 있는 상태는 아니에요.

- **기타:** 어쩌다 할부를 하게 되더라도 1년 생활비 내에서 감당하는 것을 목표로 쪼개서 사용하고자 노력해 왔어요. 다만 막판에 느슨해져서 한 달 치 정도의 생활비가 모자랄 위기인데요. 마이너스된 만큼 비상금통장에서 끌어와 사용할 예정입니다. 스스로 크게 반성하고 있습니다.

📋 아랑 님의 포트폴리오 고민

- **예적금과 투자금 비율이 적절하게 배분돼 있는 상태일까요?** 특히 연금저축펀드나 ISA 월 투자금을 더 늘려야 하는지 궁금해요. 연금저축펀드는 연

말정산과 노후대비를 위해 만들었는데, 적금을 줄이고 연금저축펀드 비율을 늘려야 하지 않을까 싶습니다.

- **어머니 투자금을 어떻게 운용해야 할까요?** 현재 어머니 투자금 1350만 원을 가지고 있고 그중 650만 원은 투자로 굴리고 있습니다. 제 돈이 아니다 보니 잃지 않을 것을 목표로 매우 보수적으로 운용하고 있어요. 다행히 수익을 조금 보는 중인데, 나머지 700만 원을 어떻게 할지 고민이에요. 일단 지금은 일반 입출금 통장에 보관하고 있어요.

쿼터백의 포트폴리오 솔루션

성공적인 자산 증식을 위한 두 가지 조건은 크게 다음 두 가지로 요약할 수 있습니다.

1. 지출을 통제해 종잣돈 만들기
2. 종잣돈을 효율적으로 관리하기

아랑 님은 두 가지 항목 중 벌써 절반을 성공적으로 실행한 대단한 분이시네요. 효율적으로 자산을 관리하는 요령만 익히시면 마지막 단추를 성공적으로 꿰게 되시는 거예요. 계획적인 지출과 저축의 능력자, 아랑 님의 자산 포트폴리오와 월간 저축 현황을 차례대로 짚어보겠습니다.

먼저, 아랑 님의 자산 구성은 안전자산 위주로 배분돼 있습니다. 예적금과 현금의 안정적 자산(붉은색 계열)에 75%, 주식, ISA 등의 공격적 자산(무채색 계열)에 25%를 배분하고 계시네요.

· 아랑 님의 금융자산 포트폴리오 ·

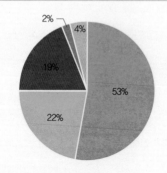

2% 4%
19%
53%
22%

● 예적금 ● 현금 ● 주식 ● 연금펀드 ● ISA

· 아랑 님의 월간 저축 및 투자 계획 ·

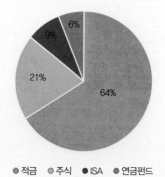

6%
9%
21%
64%

● 적금 ● 주식 ● ISA ● 연금펀드

앞쪽의 두 번째 그래프에서 아랑님이 매월 어떻게 저축과 투자를 하고 있는지 월 단위로 살펴보면 적금에 60% 이상, 주식, ISA, 연금펀드 등 공격적 자산에 36% 정도 들어가고 있습니다. 시간이 갈수록 안정적 자산 70%, 공격적 자산 30%의 구조가 될 것으로 보여요.

Before 안전자산 위주 자산배분

After 전문가들의 자산배분을 참고해보세요!

우리나라의 국민연금은 운용자산 규모가 900조 원이 넘는 세계 3대 연기금*이에요. 큰돈을 굴리는 만큼 자산배분도 전문적으로 해나가고 있죠. 국민연금의 자산 구성은 매월 공개하기 때문에 홈페이지에서 누구나 확인할 수 있습니다(https://fund.nps.or.kr/jsppage/fund/mpc/mpc_03.jsp). 현재 국민연금이 어떤 식으로 기금을 굴리고 있는지, 2022년 2월 말 기준 포트폴리오를 한번 살펴보겠습니다.

현재 국민연금은 채권과 같은 안정적 자산에 43.5%, 주식이나 대체투자(사모투자, 부동산, 인프라, 헤지펀드 등을 뜻함) 등의 공격적 자산에 56.5%를 배분하고 있어요. 국민연금은 장기적으로 안정적인 자산 운용을 목표로 하는 곳입니다. 아랑 님의 자산 구성과 비교했을 때 주식과 대체투자에 더 높은 비중이 배치된 것을 확인할 수 있습니다.

---

* 연금(Pension)과 기금(funds)을 합친 말로써, 연금제도에 의해서 모여진 연금을 지급하기 위해 만든 기금을 말한다.

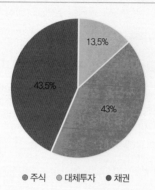

· 국민연금의 2022년 2월 기준 포트폴리오 ·

13.5%

43.5%

43%

● 주식 ● 대체투자 ● 채권

원금손실이 적은 자산만을 선호하는 게 아니라면, 아랑 님께 주식을 포함한 위험자산 비중을 국민연금처럼 금융자산의 절반 수준까지는 늘리는 것을 추천합니다. 젊은 나이일수록 위험자산 비중을 높게 잡아야 복리를 극대화할 수 있습니다.

Before ▶ **원금손실이 적은 자산 위주**

After ▶ **의사결정은 자산별 비중부터, 순차적으로**

국민연금처럼 주식과 같은 공격적 자산 비중을 늘리기로 했다면, 아래와 같이 순서대로 진행해보세요.

1. 금융자산 내의 자산별 비중을 정합니다(**예** 주식 60%, 예적금 30%, 비상금 10%).

2. 주식과 같은 위험자산은 공부할 여유와 열정이 있다면 종목과 매매 시점을 본인이 선택하는 '직접투자' 비중을 높게, 그렇지 않다면 일임이나 펀드와 같은 '간접투자' 비중을 높게 선택하세요.

3. ISA와 연금펀드는 그 자체로 안전자산인지 위험자산인지 분류할 수 없어요. 그 안에 어떤 투자 자산을 골랐는지를 기준으로 판단해야 합니다. ISA와 연금저축 내에서 주식형 비중이 높은 상품을 골랐다면 그 비중(혹은 금액)만큼 '주식'으로 분류해주세요.

4. 연금저축은 주식형 혹은 자산배분형으로 60%, 안정적인 TDF*로 40%를 배분하면 6:4 포트폴리오를 만들 수 있습니다.

5. 분기 혹은 반기에 한 번씩 자산들의 목표 비중과 실제 비중이 얼마나 달려졌는지 확인하고, 필요할 때마다 비중을 조절해주세요.

6. 현재 예적금을 한꺼번에 위험자산으로 옮기지 마시고, 만기가 돌아올 때마다 천천히 1년 정도의 시간을 두고 조절하세요. 그래야 '매수 타이밍'의 스트레스에서 벗어날 수 있고, 매입 단가를 평탄화(smoothing)시킬 수 있습니다.

Before ▶ 잃지 않겠다는 목표로 매우 보수적으로 운용
After ▶ 어머니의 투자금, 투자 목표와 위험을 파악하세요

아랑 님께서 관리 중인 어머니의 투자금은 ①투자 기간 ②연간 목표수익률 ③원하는 투자자산의 종류를 어머니께 확인받고 투자하는 것을 추천합니다.

---

* Target Date Fund. 투자자의 은퇴 시점을 목표 시점(target date)으로 하여 생애주기에 따라 펀드가 포트폴리오를 알아서 조정하는 자산배분 펀드

'어떤 종목을 고를 것인가'가 아닌 '어떤 자산에 얼마만큼 비중으로 투자할 것인가'를 고민하는 게 투자의 첫 시작이거든요. 어머니의 자산도 마찬가지로 국내 주식, 미국 주식, 자산배분형 상품, 예수금의 비중을 결정해주세요. 그리고 투자대상을 분산시켜 기회를 늘려주면 됩니다. 투자자산을 직접 고르기 어렵다면 ETF나 로보어드바이저를 이용하면 도움이 될 거예요.

- 월 저축 및 투자액을 매년 3%씩 늘리면, 향후 10년간의 저축 및 투자 원금은 총 2억 5000만 원
- 연평균 수익률을 2%, 4%, 6%, 8%로 가정할 때, 10년 후 금융자산 규모는 4억 8000만 원에서 7억 4000만 원까지 증가할 수 있습니다.

위에 언급한 대로 국민연금과 같은 전문가들의 자산배분 계획을 참고해 스스로 자산별 목표 비중을 정하고 관리를 시작해 보세요. 오늘은 저축왕, 내일은 투자왕이 될 아랑 님을 응원합니다!

구르는 돈이
부자를 만든다

: 투자 대가들의
자산배분 따라 하기

자산배분의 교과서, 자산 3분법 포트폴리오

 자산을 배분하는 전략은 정말 많습니다. 파트 2에서는 실제로 활용되는 자산배분 전략에는 무엇이 있고 이를 어떻게 활용할 수 있을지 알아보겠습니다. 처음으로 소개할 '자산 3분법'은 요즘처럼 시장이 불안정할 때 더욱 사랑받는 전통적인 전략입니다. 세상에는 정말 다양한 포트폴리오 전략이 있지만, 자산 3분법은 역사적으로 가장 광범위하게 활용되었던 대표적인 자산배분 전략 중 하나라고 평가되며, 오늘날까지도 많은 자산배분 전략의 기초가 되고 있습니다.

○●● 자산 3분법의 원리

• 자산 3분법의 요소 •

자산 3분법은 말 그대로 투자 시 한 곳에 집중투자하지 않고, 자산을 3등분하여 분산투자하는 개념입니다. 현금, 예금, 채권과 같이 손실을 볼 가능성이 낮고 안전한 성격을 지닌 '안정성', 주식이나 원자재와 같이 높은 수익률을 기록할 가능성을 고려한 '수익성', 그리고 언제든지 쉽게 팔아 현금으로 바꿀 수 있는 '환금성'을 종합적으로 고려하여 각각의 장점을 보유하고 있는 자산에 적절하게 배분하는 것을 자산 3분법이라고 합니다.

예상치 못한 경기 침체나 불황을 겪는다거나, 위험자산이 계속해서 상승하는 호황기일 때도 위험을 통제하고 안정적인 성과를 추구할 수 있다는 특징이 있습니다. 자산 3분법의 개념은 현대 포트폴리오의 아버지라 불리는 미국의 경제학자 해리 마코위츠[*]의 투자 이론 정립에도 기초가 된 것으로 알려져 있습니다.

○●● 자산 3분법을 활용한 포트폴리오 구성

과거 일본에서 자산 3분법을 활용한 상품이 선풍적인 인기를 끈 적이 있습니다. 바로 다이와증권투자신탁의 '리소나자산배분 펀드'입니다. 이 펀드의 핵심은 자산 3분법에 기초하여 주식, 채권, 부동산에 3분의 1씩 균등 투자하고 정기적으로 포트폴리오를 재점검하고 조정하는 과정인 리밸런싱을 통해 꾸준하게 자산별로 1/3의 비율을 유지하는 것입니다. 당시 운용되었던 자산 규모는 약 3000억 엔(한화 약 5조 원)에 이르렀던 것으로 알려져 있습니다.

자산 3분법은 자산배분의 기초 교과서로 불릴 만큼 굉장히 단순한 전략임에도 많은 사람이 지금도 활용하고 있습니다. 자산

---

[*] Harry Max Markowitz. 현대 투자 이론의 기본을 이루는 '포트폴리오 이론'을 최초로 제시한 미국의 경제학자다. 분산투자의 효율성을 이론적으로 해명한 업적으로 M.H 밀러, W.샤프와 공동으로 1990년 노벨 경제학상을 수상했다.

3분법이 꾸준히 사랑받는 이유는 무엇인지, 쿼터백이 생각해 보았습니다.

자산 3분법의 장점

1. 굳이 상관관계, 자산 간의 결합 등 거창한 용어를 사용하지 않아도 사람들이 공감할 수 있는 균형적이고 직관적인 개념입니다.

2. 가격이 상승한 자산의 비중을 줄이고, 가격 흐름이 부진했던 자산의 비중을 높여주는 단순한 전략으로 리밸런싱할 수 있어서 초보자도 쉽게 활용할 수 있습니다.

3. 시대의 변화, 개인별 선호에 따라 활용할 수 있는 자산을 자유롭게 변경할 수 있다는 점도 꼽을 수 있습니다.

   과거 서양에서는 중세 부호들이 토지, 금, 현금으로 자산을 3등분하는 개념을 선호했다면, 요즘은 20세기 최고의 경제학자 중 하나로 평가받는 케인스^{John Maynard Keynes}가 주장한 주식, 부동산, 채권으로 3등분하는 전략도 많은 지지를 받고 있죠. 또한 하루가 다르게 발전하고 있는 금융시장과 현대의 다양한 투자자산(예 금, 은, 원유, 리츠, 비트코인 등)을 고려할 때 앞으로 자산 3분법에 적용할 수 있는 자산의 범위는 더욱 확장될 것입니다.

물론 자산을 반드시 3등분할 필요는 없습니다. 주식과 채권으로 양분하는 방법도 좋고, 이를 더욱 세분화하는 전략도 가능합니다. 대표적으로 책에서 이어서 살펴볼 '영구 포트폴리오'나 레이 달리오$^{Ray Dalio}$의 '올웨더 포트폴리오' 등이 이에 해당합니다.

포트폴리오를 배분하는 데 있어 황금 비율이란 없습니다. 개인마다 희망하는 투자전략과 자산에 대한 선호도가 다를 뿐 아니라 투자할 수 있는 자금의 규모, 목표로 하는 투자 기간 등이 모두 다르기 때문입니다.

그래서 나에게 가장 잘 맞는 자산 3분법을 만들기 위해서는 우선 나의 투자 환경을 정교하게 분석하는 과정이 진행되어야 합니다. 다음 순서에 따라서 하나씩 생각하다 보면 내게 최적화된 자산 3분법 포트폴리오를 만들 수 있습니다.

나에게 맞는 자산 3분법 포트폴리오 만들기

1. 내가 투자할 수 있는 자산이 지금 얼마나 되는지 파악해야 합니다.

2. 그 자산을 얼마나 오랫동안 투자할 수 있는지 생각해야 합니다.

3. 견뎌낼 수 있는 원금의 손실률은 어느 정도인지 고려해야 합니다.

4. 내가 시장 상황에 따라 적극적으로 매매하는 '동적자산배분'을 선호하는지, 아니면 정해진 비율대로 꾸준히 유지하는 3분법과 같은 '정

적자산배분'을 선호하는지를 결정해야 합니다. 동적자산배분과 정적자산배분의 개념과 차이점에 대해서는 135쪽에서 더욱 자세히 설명하겠습니다.

• 50만 원으로 따라하는 자산 3분법 •

종목 코드	투자 비중	할당 금액	단가 (22.05.30 기준)	필요 주식 수
360750 KS	33.30%	166,500원	13,065원	13
308620 KS	33.30%	166,500원	11,370원	15
182480 KS	33.30%	166,500원	14,305원	11

쉽고도 막강한
영구 포트폴리오

 영구 포트폴리오^{Permanent Portfolio}란 말 그대로 영속적인, 영구적인, 지속 가능한 포트폴리오를 의미합니다. 또 다른 이름으로는 게으른 포트폴리오^{Lazy Portfolio}라고 불리기도 합니다. 그렇다면 왜 이름에 영구적이라는 뜻이 들어가는지, 그리고 왜 게으르다는 별칭이 붙었는지 알아보겠습니다.

영구 포트폴리오는 1980년대 미국의 해리 브라운^{Harry Browne}이 만든 자산배분 전략입니다. 이 포트폴리오는 어떠한 경제 상황에서도 꾸준하게 유지할 수 있는 투자전략이라는 뜻에서 영구 포트폴리오라는 이름이 붙었습니다. 즉, 증시가 상승하든 하락하든, 경기가 호황이든 불황이든 상관없이 특정 자산에서 손실이 발생하더라도 나머지 자산이 손실을 만회해 주는 구조라는 것입니다.

○●● 영구 포트폴리오의 구성

• 영구 포트폴리오의 자산 비중 •

그렇다면 영구 포트폴리오는 어떻게 구성되어 있을까요? 위 그림을 보면 영구 포트폴리오가 어떻게 설계되어 있는지 쉽게 확인할 수 있습니다. 영구 포트폴리오는 앞서 살펴보았던 자산 3분법의 개념을 확장시킨 일종의 자산 4분법의 개념으로 이해하면 쉽습니다. 구성이 매우 간단하죠? 주식, 채권, 금, 그리고 현금을 각각 25%씩 균등하게 투자하면 됩니다. 이렇게 최초 구성한 뒤 일 년에 한 번씩만 비중을 원래의 자산 비중으로 다시 맞추는 리밸런싱을 하는 것이 전부입니다.

그런데 왜 이와 같이 4등분을 했을까요? 각각의 자산은 시장 국면이 달라질 경우 효과가 있는 구간이 서로 다릅니다. 그러나 앞으로 시장이 어떻게 될지 그 누구도 장담할 수 없기 때문에 시장의 방향이나 구간을 맞추려고 하기보다는 각 구간에서 효과가 있는 자산을 똑같은 비중으로 분산하는 전략을 취한 것입니다. 실제 영구 포트폴리오에 편입된 4가지 자산은 서로 상관관계가 0에 가깝게 분산되어 있습니다. 즉, 어떤 자산 하나가 크게 부진한 구간이라고 해도 나머지 3개의 자산은 자기 갈 길을 간다는 뜻입니다. 그러니 영구 포트폴리오는 주식, 채권, 원자재, 유동성, 더 나아가서는 모든 경제 상황과 인플레이션 국면에 대응하겠다는 개념이 녹아 들어간 포트폴리오이며, 잦은 대응보다는 뚝심 있게 장기적인 시각에서 투자하라는 개념의 포트폴리오입니다.

그렇다면 앞서 살펴보았던 자산 3분법과는 어떤 차이가 있을까요? 기본적인 개념은 유사하지만 영구 포트폴리오에서는 투자 대상이 되는 채권을 미국 10년물 국채*로 지정했다는 점과 함께 현금의 비중을 무려 전체 포트폴리오의 25%나 유지한다는 점이 큰 차이점입니다. 또한 주식이나 채권에만 투자하는 혼합형 포트폴리오와는 다르게 금과 현금을 중심 투자자산으로 선택했죠.

그렇다면 과연 영구 포트폴리오는 설계 취지와 같이 모든 구간에서 안정적인 성과를 보였을까요? 실제 영구 포트폴리오는 지난 30여년간 수익률이 -5%보다 떨어진 적이 딱 두 번(1980년대에 한 번, 2008년 금융위기에 한 번)밖에 없다고 알려져 있습니다.

· 최근 47년 S&P 500 vs. 영구 포트폴리오 투자 결과 ·

(1974~2021)

항목	S&P 500	영구 포트폴리오
연환산 수익률	9.44%	6.01%
최대 낙폭	-56.78%	-19.49%

물론 금융 환경이 과거와는 많이 달라졌기 때문에 지금도 설득력 있는 전략일지에 대한 확인은 필요합니다. 이를 위해 아주 간단한 설계를 통해 테스트를 진행했습니다.

---

* 미국 국채는 만기에 따라 1개월부터 30년까지 다양하게 발행되어 있다. 만기에 따라 1년 이내는 단기 국채, 1년 이상은 중기 혹은 장기 국채로 구분된다. 특히 10년물 국채는 미국의 경제성장률과 인플레이션에 대한 기대치를 가장 민감하게 반영하는 채권으로 알려져 있으며, 다양한 글로벌 자산이 10년물 국채 금리에 연동되어 있는 대표적인 채권이다.

• 최근 10년 S&P 500 vs. 영구 포트폴리오 투자 결과 •

(2011~2021)

항목	S&P 500	영구 포트폴리오
누적 수익률(%)	278.98	67.57
연환산 수익률(%)	12.87	4.80
최대 낙폭(%)	−33.97	−9.26
샤프지수	0.79	0.84
변동성(%)	17.09	5.81

위 표는 2011년부터 2021년 말까지 약 10년간 영구 포트폴리오와 미국 S&P 500 지수를 비교한 자료입니다. 실제로 영구 포트폴리오는 지난 10년간 누적으로 67.6%, 연환산 수익률 4.8%를 기록했습니다. 같은 기간 S&P 500이 누적 279%, 연환산 수익률 12.9% 수준을 기록했음을 감안할 때 수익률 측면에서는 상대적으로 낮다고 느낄 수도 있습니다. 그러나 영구 포트폴리오가 해당 기간 중 최대 낙폭MDD* −9.3%를 기록하며 한 자리수의 하락률을 기록했던 반면 S&P 500은 −33.9% 급락하며 영구 포트폴리오의 우수한 하방 방어력이 입증되었습니다. 살펴본 바와 같이

---

* Maximum Drawdown. 특정 투자 기간 동안 투자자가 겪을 수 있는 가장 큰 손실을 뜻한다. 영어 약자로 MDD라고 부르는 경우도 많다.

영구 포트폴리오 전략은 과거뿐 아니라 최근에도 높은 안정성과 함께 꾸준한 성과를 기록하고 있음을 확인할 수 있습니다.

○●● 영구 포트폴리오 따라 하기

1. 현재 거래 가능한 종목으로 포트폴리오를 구성한다

영구 포트폴리오는 구성이 간단하기 때문에 손쉽게 따라 할 수 있습니다. 각 자산을 대표하는 ETF를 증권사를 통해 매매하면서 포트폴리오를 구성하면 됩니다. 360750, SPY 등의 티커(종목코드)* 를 검색하면 쉽게 종목을 찾을 수 있습니다. 다음 예시의 ETF들 은 이해를 돕기 위한 예시이며 특정 상품을 추천하는 목적이 아 님을 참고하기 바랍니다.

---

* Ticker. 주식에 부여되는 특정 코드로 라틴 문자, 숫자 혼합 형식으로만 쓰인다. 각 주식시 장마다 무조건 있으며, 다양하게 존재한다. 해당 주식의 이름이 길 경우 간편하게 검색하기 위해 존재하며 투자자 사이에서 많이 쓰인다. 미국 주식의 경우 라틴 문자, 한국 주식의 경 우는 숫자 형태다. 예를 들어 보잉사의 티커는 'BA'이며 삼성전자의 종목코드는 '005930'이 다. 주식 화면에 'BOEING'을 검색해도 되지만 간편하게 'BA'로 검색해도 보잉사의 주가와 정보 등을 확인할 수 있다.

한국 상장된 ETF를 통해 따라 할 경우

- 미국 주식: 360750 KS(TIGER 미국 S&P 500)

- 미국 국채 : 308620 KS(KODEX 미국채 10년선물)

- 금: 132030 KS(KODEX 골드선물 H)

미국 상장 ETF를 통해 따라 할 경우

- 미국 주식: SPY US(SPDR S&P 500 Trust ETF)

- 미국 국채: TLH US(iShares 10-20Year Treasury Bond ETF)

- 금: GLD US(SPDR Gold Shares)

2. 나에게 맞게 구성을 바꿔본다

영구 포트폴리오가 추구하는 개념을 차용하되 꼭 기존 영구 포트폴리오의 구성을 따르지 않아도 좋습니다. 얼마든지 현재의 상황에 맞춰서 변형이 가능하거든요. 국내외 ETF 시장에 워낙 다양한 ETF가 출시되어 있기에 개인별로 선호하는 형태의 변형된 영구 포트폴리오를 어렵지 않게 설계할 수 있습니다. 다만 각 자산군 내에서 전술적인 선택을 다르게 하더라도 영구 포트폴리오 고유의 자산군별 비중은 지켜야 한다는 점은 유의하세요.

3. 현금을 다양하게 활용한다

영구 포트폴리오를 구성하고 있는 현금이란 것이 말 그대로 아무런 이자나 보상 없이 순수하게 캐시^{Cash}를 보유하라는 개념은 아닙니다. 이자를 많이 주는 예금을 찾거나 달러에 투자하는 등 '현금'이라는 자산을 다양하게 활용할 수 있습니다.

지금까지 영구 포트폴리오의 특성과 활용법을 알아봤습니다. '이렇게 심플한데 어떻게 효과가 있는 것일까?'라는 의문이 들 수도 있을 것입니다. 영구 포트폴리오가 효과적인 이유는 크게 두 가지입니다. 첫째로 상관관계가 낮은 자산군에 철저하게 분산투자한다는 대원칙이 잘 지켜지고 있다는 점, 둘째로 자산군의 투자비중도 균형이 잡혀 있다는 점입니다.

주식의 비중이 전체 포트폴리오의 30%도 되지 않는 보수적인 포트폴리오임에도 장기적으로 안정적인 수익을 달성해 왔다는 점을 보면 투자에서 큰 수익도 중요하지만, 얼마나 손실을 최소화하고 꾸준해야 하는지를 알 수 있습니다.

영구 포트폴리오는 드라마틱한 수익률을 올리는 투자전략은 아닙니다. 앞서 시뮬레이션을 통해 살펴본 바와 같이 주식시장의 상승률이 매우 좋은 구간에서는 자산배분 전략의 특성상 상대적으로 수익률이 저조하게 느껴질 수 있죠. 그러나 지나치게 공격적인 투자나 빈번한 거래를 선호하지 않는 사람들, 그리고 특히 하루하루 달라지는 예측 불가능한 시장에서 마음 편한 투자를 하고 싶은 사람들에게 영구 포트폴리오는 매력적인 전략입니다. 또한 투자에 대한 지식이 없거나 최소한의 노력으로 일단 투자를 시작해보고자 하는 투자자들에게 첫 시작으로 매우 직관적이면서도 쉬운 접근법이 되기도 합니다.

· 50만 원으로 따라 하는 영구 포트폴리오 ·

종목 코드	투자 비중	할당 금액	단가 (22.05.30 기준)	필요 주식 수
360750 KS	25.00%	125,000원	13,065원	10
308620 KS	25.00%	125,000원	11,370원	10
132030 KS	25.00%	125,000원	12,530원	10
현금	25.00%	125,000원	–	–

어떤 상황에서도 견디는
레이 달리오의 올웨더 포트폴리오

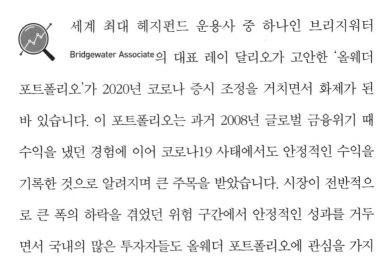세계 최대 헤지펀드 운용사 중 하나인 브리지워터 Bridgewater Associate의 대표 레이 달리오가 고안한 '올웨더 포트폴리오'가 2020년 코로나 증시 조정을 거치면서 화제가 된 바 있습니다. 이 포트폴리오는 과거 2008년 글로벌 금융위기 때 수익을 냈던 경험에 이어 코로나19 사태에서도 안정적인 수익을 기록한 것으로 알려지며 큰 주목을 받았습니다. 시장이 전반적으로 큰 폭의 하락을 겪었던 위험 구간에서 안정적인 성과를 거두면서 국내의 많은 투자자들도 올웨더 포트폴리오에 관심을 가지

게 되었습니다. 특히 일반 투자자들도 손쉽게 따라할 수 있는 직관적인 자산배분 전략으로 널리 사랑받고 있죠.

◦●● 올웨더 포트폴리오의 구성

올웨더 포트폴리오는 시장을 예측하기 어려운 만큼 "어떤 상황에서도 수익을 낼 수 있는 포트폴리오를 구축하여 투자하자"라는 개념에서 출발했습니다. 포트폴리오의 이름 역시 어떠한 날씨와 환경에서도 견딜 수 있는 포트폴리오, 즉 사계절을 다 버틸 수 있는 포트폴리오라는 뜻에서 올웨더 포트폴리오, 혹은 사계절 포트폴리오라는 이름으로 불리고 있습니다.

이처럼 다양한 시장 국면에서도 꾸준하게 수익을 낼 수 있도록 고안된 이 전략은 앞서 살펴봤던 자산 3분법, 그리고 영구 포트폴리오와 큰 틀에서 맥락을 함께하며, 단순하면서도 막강한 장점이 있는 자산배분 전략이라는 점은 분명합니다.

다만 세부적인 구성, 그리고 활용하는 자산군에서 차이가 있는데 일반적으로 올웨더 포트폴리오는 ①미국 주식 30% ②미국 장기채권 40% ③미국 중기채권 15% ④원자재 7.5% ⑤금 7.5%의 비중으로 포트폴리오를 구성합니다.

전략적 자산배분 비중으로 살펴보면 주식 30%, 채권 55%, 원자재 15%의 구성을 지닌 포트폴리오이며, 주식에서는 미국 주식만, 채권에서는 미국의 중장기 채권을 활용했다는 점이 특징적입니다.

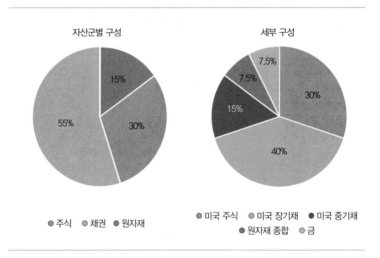

• 올웨더 포트폴리오의 구성 •

실제 이와 같은 구성에 힘입어 올웨더 포트폴리오는 코로나19 및 유가 관련 불확실성으로 인하여 미국 S&P 500 지수가 19.4% 급락했던 2020년 1분기 동안 +1.05% 상승하며 뛰어난 수익률 방어 효과를 증명했습니다.

이처럼 주식이 큰 폭으로 조정받는 위험 구간에서는 채권의 선호도가 올라가며 채권 가격이 상승할 수 있습니다. 이를 통해 미국의 중장기채권을 활용한 올웨더 포트폴리오가 수익률을 방어할 수 있었던 것으로 판단됩니다.

• 2020년 1분기 각 자산과 올웨더 포트폴리오의 수익률 •

미국 주식	미국 장기채	미국 중기채	원자재	금	올웨더 포트폴리오
−19.43%	22.15%	10.50%	−29.47%	3.60%	1.05%

출처: 블룸버그

○●● 지금도 올웨더 포트폴리오가 최고일까?

그런데 이와 같이 높은 안정성으로 유명해진 올웨더 포트폴리오가 과연 현재 시점에서도 투자하기에 가장 적합한 포트폴리오일까요? 이를 살펴보기 위해 올웨더 포트폴리오가 인기를 끌었던 특정 연도만이 아닌 과거 20년 동안의 연도별 성과를 한번 확인해보겠습니다.

• 미국 주식과 올웨더 포트폴리오의 연도별 수익률 •

연도	미국 주식	올웨더 포트폴리오
2002	6.62%	2.87%
2003	28.18%	12.51%
2004	10.18%	10.05%
2005	5.32%	9.18%
2006	15.85%	8.07%
2007	5.14%	11.92%
2008	-36.81%	1.51%
2009	26.37%	0.09%
2010	16.25%	13.97%
2011	0.85%	19.00%
2012	15.99%	7.87%
2013	32.31%	-0.75%
2014	13.46%	13.41%
2015	1.25%	-2.66%
2016	12.00%	6.62%
2017	21.70%	11.81%
2018	-4.56%	-2.19%
2019	31.22%	18.71%
2020	18.37%	19.26%
2021	28.75%	8.42%

출처: 블룸버그

위 연도별 수익률에서 2009년과 2013년의 올웨더 포트폴리오 성과를 눈여겨볼 필요가 있습니다. 2009년과 2013년의 경우 미국의 주식시장은 큰 폭으로 상승한 반면, 미국의 장기국채는 두 해 모두 큰 폭의 손실을 기록했습니다. 즉 정리하자면 올웨더 포트폴리오는 미국의 주식시장 반등이 나타남에도 불구하고 금리가 계속해서 상승하며 채권에서 손실이 발생할 경우에는 주식에서 거둔 이익이 상쇄되어 기대 수익률이 낮아질 수 있다는 특징이 있습니다.

현재 미국이 2022년 3월을 시작으로 금리 인상에 돌입했고 추가적인 통화 긴축이 예정되어 있으며, 유럽을 비롯한 글로벌 중앙은행들 또한 앞다투어 긴축적인 입장을 밝히고 있는 시점이라는 점으로 미루어 보아 향후 금리는 하락보다는 상승 쪽에 무게가 실리고 있습니다. 이러한 구간에서 중장기 채권의 투자 비중이 높은 올웨더 포트폴리오는 또다시 성과가 부진할 가능성이 존재한다는 점을 명심해야 합니다.

・ 미국 국채 10년물 금리 추이 ・

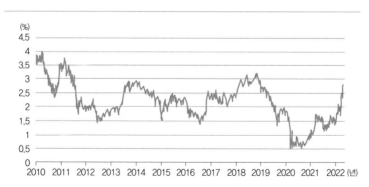

○●● 올웨더 포트폴리오의 장단점

레이 달리오의 올웨더 포트폴리오는 오랜 시간 검증된 뛰어난 전략이지만, 이처럼 모든 구간에서 모든 투자자를 항상 만족시키는 절대적인 투자 비법이 될 수는 없습니다.

포트폴리오가 지니고 있는 장점 외에도 왜 하락장에서 올웨더 포트폴리오가 선방했는지, 앞으로도 이러한 성과가 지속될 수 있을 것인지, '나'라는 투자자가 기대하고 있는 수익률과 추구하는 포트폴리오의 성격은 무엇인지 등 종합적인 고민이 필요합니다. 많은 경우 언론에서 들어봤다, 하락장에 선방하더라, 과거 성과가 좋더라 등의 이유를 바탕으로 단순하게 투자를 결정하게 되는데, 이때 실제 포트폴리오는 원래 설계 의도대로 효율적으로 운용되고 있음에도 그 결과에 실망할 수 있습니다.

그럼 지금까지 알아본 내용을 바탕으로 올웨더 포트폴리오에 대한 쿼터백의 결론을 내려보겠습니다.

올웨더 포트폴리오의 장단점

1. 올웨더 포트폴리오는 분명 인상적인 성과를 기록했고 장점이 많은 좋은 전략이자 상품입니다. 또한 자산 3분법, 영구 포트폴리오와 마

찬가지로 단순하면서도 직관적인 자산배분 전략입니다.

2. 그렇지만 포트폴리오의 설계상 채권의 투자 비중이 높고, 특히 미국의 중장기 채권의 특성을 고려할 경우 오랜 시간 동안 지속되어 온 채권의 강세가 더 내려갈 곳 없는 현재의 금리 상황에서도 유효할지 고민이 필요하며, 앞으로 본격적인 금리 상승기가 도래할 경우 높은 채권 비중에 따라 성과가 훼손될 수 있는 구조의 포트폴리오라는 점을 이해해야 합니다.

3. 또한 현재의 하락장 이후 주식의 의미 있는 반등을 기대하거나, 아직 젊은 연령대에 속해서 적정 수준의 주식 비중이 필요한 투자자의 경우, 상대적으로 낮은 주식 비중의 올웨더 포트폴리오는 적합하지 않을 수 있습니다.

4. 만약 적극적인 자산 운용을 원하는 투자자라면 올웨더 포트폴리오의 운용 콘셉트와는 맞지 않을 수 있습니다.

따라서 올웨더 포트폴리오가 추구하는 기본적인 철학과 자산배분 아이디어는 활용하되 현재 시장 상황에 맞게 변형하여 투자하거나, 본인에게 더욱 적합한 다양한 자산배분형 전략을 고민해 보는 것도 좋은 선택이 될 수 있습니다.

올웨더 포트폴리오는 분명 좋은 전략입니다. 그러나 어떠한 전략이든 장단점이 있기 때문에 해당 전략이 어떻게 구성되어 있는지를 알고 있어야 '나에게 적합한 최적의 자산배분' 혹은 '금융상품 선택'이 될 수 있다는 점을 명심해야 합니다.

○●● 올웨더 포트폴리오 따라 하기

올웨더 포트폴리오를 따라 투자하고 싶은 투자자를 위해 쿼터백에서 올웨더 포트폴리오의 비중대로 한국 ETF와 미국 ETF를 정리해 보았습니다. 각 자산군에 해당하는 종목은 변경 가능(예 미국 주식을 글로벌 주식으로, 미국 중기채권을 물가연동채 및 하이일드 채권, 단기채권 등으로 변경 가능)하지만 가장 기초적인 올웨더 포트폴리오의 콘셉트에 맞게 구성한다면 다음과 같습니다.

· 한국 상장 ETF 활용 시 ·

분류	투자 비중	종목 코드	종목명
미국 주식	30%	360750 KS	TIGER 미국 S&P 500
미국 장기채권	40%	304660 KS	KODEX 미국채 울트라 30년선물(H)
미국 중기채권	15%	308620 KS	KODEX 미국채 10년선물

원자재	7.5%	Q520003 KS	미래에셋 원자재 선물 ETN(H)
금	7.5%	132030 KS	KODEX 골드선물(H)

· 미국 상장 ETF 활용 시 ·

분류	투자 비중	종목 코드	종목명
미국 주식	30%	SPY US	SPDR S&P 500 Trust ETF
미국 장기채권	40%	TLT US	iShares 20+ Year Treasury Bond ETF
미국 중기채권	15%	IEF US	iShares 7-10 Year Treasury Bond ETF
원자재	7.5%	DBC US	Invesco DB Commodity Index Tracking Fund
금	7.5%	GLD US	SPDR Gold Shares

· 50만 원으로 따라 하는 올웨더 포트폴리오 ·

종목 코드	투자 비중	할당 금액	단가 (22.05.30 기준)	필요 주식 수
360750 KS	30.00%	150,000	13,065	11
304660 KS	40.00%	200,000	10,120	20
308620 KS	15.00%	75,000	11,370	7
520003 KS	7.50%	37,500	15,445	2
132030 KS	7.50%	37,500	12,530	3

30년간 연평균 수익률 14%!
데이비드 스웬슨 포트폴리오

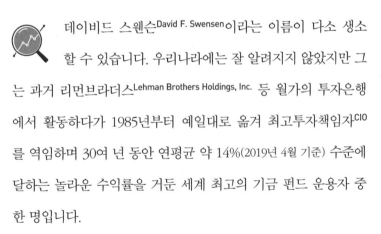 데이비드 스웬슨David F. Swensen이라는 이름이 다소 생소

할 수 있습니다. 우리나라에는 잘 알려지지 않았지만 그

는 과거 리먼브라더스Lehman Brothers Holdings, Inc. 등 월가의 투자은행

에서 활동하다가 1985년부터 예일대로 옮겨 최고투자책임자CIO

를 역임하며 30여 년 동안 연평균 약 14%(2019년 4월 기준) 수준에

달하는 놀라운 수익률을 거둔 세계 최고의 기금 펀드 운용자 중

한 명입니다.

그는 무엇보다 균형을 중시했습니다. 기금을 운용할 때 무조건

보수적인 입장에서 위험을 피하려 하지 않았으며, 그렇다고 주식만을 활용하여 성공을 거두려고 하지도 않았습니다. 주식을 중심으로 수익률을 제고하면서도 채권과 부동산을 결합한 전략을 적용하여 놀라운 성과를 만들어낸 자산배분의 개척자라고 할 수 있죠.

∘●● 데이비드 스웬슨 포트폴리오의 구성

• 데이비드 스웬슨 포트폴리오 •

스웬슨의 자산배분 전략은 소위 6가지 핵심자산으로 투자하는 '자산 6분법'으로도 평가받고 있으나, 큰 틀에서는 변형된 자산 3분법(주식, 채권, 부동산)으로도 해석할 수 있습니다. 다만 주식에 50~55% 투자하며 주식을 중심으로 한 전략이 강조되었고, 채권 30%, 부동산 15~20%의 구성을 보인 점이 특징적이라고 할 수 있죠.

자산 3분법과의 차이점은 자산군별로 비중을 상이하게(**예** 주식 비중이 50%를 상회하는 주식 중심의 배분) 배분한 것뿐 아니라 각 자산군 안에서도 세부적으로 배분했다는 점입니다. 주식은 미국, 선진국, 신흥국으로 구분하여 지역별 자산배분 효과를 추구했으며, 채권은 물가연동채와 국채에 절반씩 투자한 점이 특징적이죠.

이를 통해 주식에서는 글로벌 주식의 전체 움직임을 추종하면서도 지역 배분을 통한 분산 효과를 거둘 수 있었고, 채권에서는 회사채*와 자산담보부 채권** 등을 기피하고 인플레이션 위험을 방어할 수 있는 물가연동채와 안전자산으로서의 국채만을 활용하여 방어적인 성향을 보강했습니다. 또한 앞서 살펴봤던 레이 달리오의 올웨더 포트폴리오와는 달리 부동산과 같은 대체자산군을 활용하여 포트폴리오를 다변화시킨 점 또한 독특합니다. 부

---

* 국가가 발행하는 국채와 달리 기업이 시설투자나 운영 등의 목적으로 장기자금을 조달하기 위해 발행하는 채권. 회사의 신용등급에 따라 투자적격회사채와 하이일드채권 등으로 구분되며, 투자용어로는 '크레딧'으로 표현하기도 한다.

** 금융기관이나 기업 등이 보유하고 있는 부동산, 건물, 기계, 매출채권, 유가증권 등과 같은 유무형의 자산을 담보로 발행한 채권

동산과 같은 대체자산군이 주식, 채권 등 전통적인 자산들과 다른 수익구조를 지니고 있기 때문에 전체적인 포트폴리오의 분산 효과 극대화에 도움을 줄 수 있는 자산으로 활용한 것입니다.

그렇다면 과연 이와 같은 자산배분 전략은 언제나 성공적이었을까요?

· 각 지수와 데이비드 스웬슨 포트폴리오의 성과 ·

(2004.10.1.~2021.12.31.)

분류	미국 주식	선진국 주식	신흥국 주식	물가 연동채	국채	부동산	데이비드 스웬슨 포트폴리오
누적 수익률	487.6%	170.3%	249.4%	106.2%	110.7%	384.8%	466.6%
연환산 수익률	10.8%	5.9%	7.5%	4.3%	4.4%	9.6%	10.6%
연환산 변동성	19.2%	21.9%	29.4%	6.1%	6.4%	30.3%	14.2%
최대 낙폭	-55.2%	-61.0%	-66.4%	-14.6%	-10.4%	-73.1%	-36.1%
샤프지수	0.56	0.27	0.26	0.70	0.69	0.32	0.74

(2004.10.01=1,000기준)

── 미국 주식　── 선진국 주식　── 신흥국 주식　── 물가연동채
── 국채　── 부동산 ── 스웬슨 포트폴리오

· 뒤에 소개된 미국 상장 ETF의 종목과 비중 활용, 분기 기준 리밸런싱

출처: 블룸버그

그래프는 2004년부터 2021년까지 데이비드 스웬슨 포트폴리오와 6가지 핵심자산의 개별 성과를 백테스팅*한 결과입니다. 50% 이상의 투자 비중이 주식에 집중되어 있는 전략이기 때문에 주식시장이 큰 폭으로 하락하는 투자 구간에서는 최대 낙폭이 약 -36% 수준으로 성과가 크게 하락하기도 하였음을 알 수 있습니다.

다만 역사적으로 볼 때 주식시장이 큰 폭으로 하락한 이후 빠르게 회복하는 경로를 그려왔기에 누적으로는 꾸준히 양호한 성과를 기록할 수 있었습니다. 결과적으로는 전략의 효과를 입증해온 것이죠.

이어서 이렇게 효과적인 데이비드 스웬슨 포트폴리오는 어떻게 따라 할 수 있을지 살펴보겠습니다.

---

* 백테스트라고 표현하기도 하며, 과거 데이터를 기반으로 실제 전략의 효과를 확인하기 위한 테스트 과정을 의미한다. 투자전략을 실제로 활용하기 전 검증하는 것이 목적이며, 초기 투자금액, 시작일과 종료일, 리밸런싱 주기 등 다양한 조건을 변경하면서 전략의 효과를 확인하는 것이 일반적이다.

○•• 데이비드 스웬슨 포트폴리오 따라 하기

• 한국 상장 ETF 활용 시 •

분류 기준	투자 비중	종목 코드	종목명
미국 주식	30%	360750 KS	TIGER 미국 S&P 500
선진국 주식	15%	195970 KS	ARIRANG 선진국 MSCI(합성 H)
신흥국 주식	10%	195980 KS	ARIRANG 신흥국 MSCI(합성 H)
미국 국채	15%	308620 KS	KODEX 미국채 10년선물
물가연동채	15%	Q610003 KS	메리츠 미국 인플레이션 국채 ETN(H)
부동산	15%	182480 KS	TIGER 미국 MSCI 리츠(합성H)

• 미국 상장 ETF 활용 시 •

분류 기준	투자 비중	종목 코드	종목명
미국 주식	30%	SPY US	SPDR S&P 500 Trust ETF
선진국 주식	15%	IDEV US	iShares Core MSCI International Developed Markets ETF
신흥국 주식	10%	IEMG US	iShares Core MSCI Emerging Markets ETF
미국 국채	15%	TLH US	iShares 10-20 Year Treasury Bond ETF
물가연동채	15%	TIP US	iShares TIPS Bond ETF
부동산	15%	VNQ US	Vanguard Real Estate Index Fund ETF

• 상기 제시된 종목은 전략을 구성하는 종목의 예시일 뿐 변경될 수 있음

데이비드 스웬슨 포트폴리오는 자산 3분법과 유사하게 매우 직관적인 자산배분이며, 충동적인 리밸런싱이나 시장 상황에 따른 단기적인 대응 없이도 원칙을 바탕으로 투자할 수 있는 효율적인 구조입니다. 또한 앞선 자산 3분법에서 언급한 바와 같이 다양한 형태의 변형도 가능합니다.

예를 들어 데이비드 스웬슨 포트폴리오에서 제시된 지역별 배분(미국, 선진국, 신흥국 등)을 준수하는 가운데 더욱 세부적인 전술적 배분TAA, Tactical Asset Allocation을 통해 각 지역 내 유럽, 일본, 중국, 인도, 한국 등 세부적인 국가에 투자하거나 업종, 테마, 스타일 등을 활용하여 주식에서의 초과수익을 추구할 수도 있습니다. 또한 채권에서도 국채 중 장기채와 단기채를 활용한다거나, 미국 외 지역의 물가연동채까지 활용하는 전략을 실시할 수도 있습니다(다만 스웬슨은 종목선정 등 전술적 영역보다는 전략적인 자산배분 효과를 강조했습니다). 이런 게 다 귀찮다면 앞의 표에 정리한 자산들을 매수하면 됩니다.

중요한 것은 어떤 식으로 스웬슨의 포트폴리오를 변형하고 활용할 것인지보다는 스웬슨의 자산배분 전략이 시사하는 핵심 메시지입니다. 이를 정리하면 다음과 같습니다.

데이비드 스웬슨 포트폴리오의 6가지 핵심 메시지

1. 포트폴리오의 수익률을 제고하고 공격성을 강화하기 위해 주식의 비중을 확대하고 집중하라.

2. 주식을 중시하더라도 반드시 분산투자를 실시하라.

3. 인플레이션에 항상 대비하라.

4. 전통적인 자산군과 상이한 자산을 활용하여 분산 효과를 극대화 하라.

5. 분산투자를 통해 기대 수익률은 낮추지 않은 채 충분히 위험을 축소시킬 수 있다.

6. 특히 이와 같은 자산배분 기술은 별도의 돈이 들지 않는다. 즉, 공짜 점심은 있다.

• 50만 원으로 따라 하는 데이비드 스웬슨 포트폴리오 •

종목 코드	투자 비중	할당 금액	단가 (22.05.30 기준)	필요 주식 수
360750 KS	30.00%	150,000원	13,065원	11
195970 KS	15.00%	75,000원	10,890원	7
195980 KS	10.00%	50,000원	10,015원	5
308620 KS	15.00%	75,000원	11,370원	7
610003 KS	15.00%	75,000원	9,865원	7
182480 KS	15.00%	75,000원	14,305원	5

자산배분계의 보험,
SWAN ETF 포트폴리오

앞서 살펴본 전문가들의 자산배분 전략 외에도 단순한 규칙을 통해 주식, 채권 및 기타 자산을 활용한 자산배분 포트폴리오를 얼마든지 설계할 수 있습니다. 일례로 다수의 자산배분형 상품들의 벤치마크[BM, Bench-Mark*]로 사용되고 있는 주식 60%+채권 40%, 혹은 주식 70%+채권 30% 등 60/40, 70/30으로 불리는 대표적인 합성지수도 결국은 주식과 채권을 특정 비

---

* 비교지수라고도 한다. 특정 투자의 성과를 평가하기 위한 기준이 되는 지표를 의미하며, 투자 성과가 비교지수보다 높은 경우 초과수익을 달성한 것으로 평가한다.

율로 결합한 이후 규칙적으로 리밸런싱하는 자산배분과 같은 개념으로 볼 수 있습니다.

최근에는 특정 규칙을 적용한 자산배분만으로도 효과적인 성과를 추구하는 펀드, 파생상품, ETF 등이 액티브 상품*들의 부진을 틈타 꾸준히 각광받고 있으며, 앞으로도 더욱 널리 활용될 수 있을 것으로 전망됩니다.

○●● 새로운 개념의 자산배분, SWAN ETF

간단한 규칙을 적용한 새로운 개념의 자산배분 아이디어는 무수하게 많겠지만, 본 장에서는 미국에 상장되어 있는 ETF 중 하나인 'SWAN'이라는 종목을 살펴보겠습니다.

SWAN은 2018년 11월 미국에 상장된 ETF로 'Amplify BlackSwan Growth & Treasury Core ETF'라는 이름을 가진 종

---

* 기초지수만을 추종(패시브 상품)하는 수준을 넘어, 운용사나 펀드매니저별로 운용전략을 수립하고 이에 따라 적극적으로 투자함으로써 시장 대비 초과수익을 얻는 것을 목표로 하는 상품

목입니다. 이름에서 확인할 수 있는 특징적인 사항은 블랙 스완*
이라는 단어가 상품명에 기재되어 있다는 점이며, 거래되는 티커
도 여기서 파생되어 SWAN이 되었습니다.

이름만으로 봤을 때는 하락장에서 수익이 발생하는 상품으로
느껴질 수 있으나, 이 ETF는 뒤에 소개될 정적자산배분 전략을
통해 블랙 스완과 같은 위기 국면에서도 손실을 제어하고 주식의
폭락 위험을 방어할 수 있다는 점을 강조한 것이 특징입니다.

· SWAN ETF vs. S&P 500(SPY) ·

(2018. 11. 6.~2021. 12. 31.)

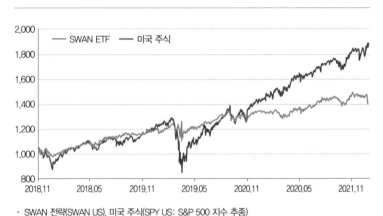

· SWAN 전략(SWAN US), 미국 주식(SPY US: S&P 500 지수 추종)

출처: 블룸버그

* Black Swan. 극단적으로 예외적이어서 발생 가능성이 희박하지만 발생 시 엄청난 충격과
파급효과를 가져오는 사건을 지칭. 9/11 테러, 코로나 19 등을 의미한다.

SWAN ETF의 성과

앞의 그래프는 2018년 11월 6일 SWAN ETF의 설정일(운용이 처음 시작된 날) 이후 2021년 12월 말까지의 성과 추이와 미국 대표 지수인 S&P 500을 추종하는 ETF인 SPY와 비교한 자료입니다. 해당 기간 중 시장 하락 압력이 가장 강력했던 두 구간인 2018년 말(2018. 12. 4~12. 26)과 2020년 2월 코로나 사태(2020. 2. 20~3. 24)에서의 성과를 통해 비교해 보겠습니다.

우선 2018년 최대 낙폭 구간에서는 S&P 500이 -15.6%의 수익률을 기록하였으나 SWAN은 -6.75% 수준으로 약 10% 가까이 상대적으로 선방하는 성과를 기록하였습니다. 또한 2020년 코로나19로 인한 하락 구간에서는 S&P 500이 단기간 -33.7% 급락했던 반면 SWAN은 -7.96% 수준으로 25% 이상 우수한 하방 방어를 입증했죠.

· 하락 구간 내 하방 방어 비교 ·

기간	S&P 500	SWAN ETF
2018.12.4.~12.26	-15.60%	-6.75%
2020.2.20.~3.24	-33.70%	-7.96%

출처: 블룸버그

SWAN은 어떤 식의 자산배분 전략을 통해 이와 같은 위험에 대응할 수 있었을까요? SWAN 전략은 자산의 약 90%를 미국 국고채(10년물 중심의 다양한 만기채권)에 투자하고, 나머지 약 10%는 S&P 500^{SPY}의 장기 콜옵션^{LEAPs}*에 투자합니다. 여기서 장기 콜옵션이란 현재로부터 먼 미래의 시점(예 1년)에 정해진 가격으로 주식을 매수할 수 있는 권리를 가진 매입 옵션을 의미하는데, S&P 500의 장기 콜옵션인 LEAPs의 경우 투자 기간 동안 S&P 500 지수 일간 움직임의 70% 수준의 수익률을 복제하는 것을 목표로 하는 옵션이며, 매년 6월과 12월에 다음 거래 기간으로 연장됩니다. 즉, 하루 동안 S&P 500 지수가 1% 상승하면 장기 콜옵션은 0.7% 상승하는 구조이며 실제 ETF나 주식을 매수하지 않고 파생상품인 옵션을 통해 투자했다고 이해하면 됩니다.

따라서 이 ETF를 얼핏 보면 채권 90%+미국 주식 10%로 구성된 자산배분 포트폴리오로 보일 수 있으나, 채권을 제외한 10%의 투자가 주식이 아닌 주식 콜옵션에 투자되기 때문에 레버

---

* 장기 지분예측증권, Long-term Equity Anticipation Security. 기초가 되는 금융상품의 가격을 추적하는 파생상품으로, 표준 옵션보다 만기가 훨씬 더 긴 옵션 계약을 의미한다. 일반적으로 콜옵션은 1개월이나 3개월 만기 상품을 주로 활용하는데, LEAPs는 6개월과 1년 등 만기가 긴 옵션을 뜻한다.

리지* 효과를 포함하여 실제로는 약 135~140%(채권 90%+주식 45~50%)의 성격을 지닌 포트폴리오라고 할 수 있습니다. 이는 옵션의 경우 기초 주식을 매수하는 것이 아니라 '프리미엄'이라고 하는 옵션 비용만 지불하여 투자할 수 있기 때문에 가능한 것으로, 같은 10%의 자금으로도 주식 노출 비중을 더욱 높일 수 있게 됩니다.

이러한 점 때문에 SWAN ETF는 최대한 채권 편입 비중을 높게 유지하면서도 주식에 대한 노출도를 높일 수 있는 신개념 종목으로 평가받고 있으며, ETF 하나로 미국 채권 90%와 주식 45~50% 수준의 투자 성과를 추구할 수 있는 편리한 자산배분을 할 수 있습니다. 참고로 SWAN ETF는 매년 6월과 12월에 걸쳐 연 2회 리밸런싱을 실시합니다.

SWAN 전략은 주식시장 상승에 따른 이익을 누리면서도 예상치 못한 큰 폭의 시장 하락에 대한 완충장치를 만들기 위해 설계되었습니다. 그러나 기본적으로는 콜옵션을 통한 파생상품 투자로 주식의 투자 비중이 45~50% 가까이 반영되어 있는 구조이기

---

* 지렛대(lever)의 힘을 뜻한다. 투자에서 레버리지는 '빚을 이용한 투자', 혹은 실제 가격 변동률보다 몇 배 이상 큰 폭의 투자 수익률 변동을 발생시키는 구조를 의미한다. 따라서 레버리지 성격을 보유한 종목이란 기초자산의 가격 움직임을 기반으로 수익률 효과가 배수(예 2배, 3배 등)로 추종되는 종목을 말한다.

때문에 주식시장의 급락 구간에서는 마이너스 성과를 피하기 어렵습니다.

어떠한 자산배분 전략도 위기 구간에서는 얼마든지 일시적인 성과 하락이 발생할 수 있습니다. 성과 하락이 발생했다는 점에만 주목하기보다는 시장이 급락하는 경우에도 90%의 비중을 구성하고 있는 채권을 통해 방어적인 기능을 제공할 수 있다는 점에 무게를 두어야 합니다. 특히 앞서 언급되었던 60/40, 70/30 등의 전통적인 주식+채권의 결합보다도 주식의 비중을 높여 수익성을 강화하면서도 채권의 비중을 90% 가까이 확대하여 더욱 개선된 위험-수익 특성Risk-Return Profile을 기대할 수 있다는 것이 장점입니다.

끝으로 다음 그래프를 통해 SWAN ETF의 설정 이후 총 수익률 흐름을 해당 종목을 구성하고 있는 양대 대표자산인 미국 주식(S&P 500)및 채권(7~10년 국고채)과 함께 비교해 보겠습니다.

설정 이후 같은 기간 S&P 500 지수는 몇 차례의 등락이 있었음에도 2020년 이후 강세장 효과가 더해지며 총 87.13%의 수익률을 기록했습니다. 같은 기간 채권은 15.22%의 성과를 기록하였으며, SWAN 전략의 성과는 2개 자산의 중간 수준에 해당하는 40.46%를 기록했습니다.

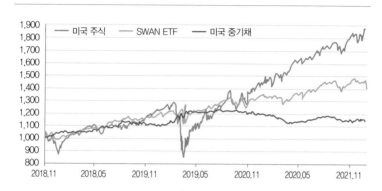

• S&P 500 vs. 미국 중기채 vs. SWAN ETF •

(2018. 11. 6.~2021. 12. 31.)

미국 주식	미국 채권	SWAN ETF
87.13%	15.22%	40.46%

• SWAN 전략(SWAN US), 미국 주식(SPY US), 미국 채권(IEF US: 미국 중기채)

출처: 블룸버그

    앞서 살펴본 바와 같이 SWAN 전략은 주식과 채권을 혁신적으로 결합한 자산배분 전략으로 2018년과 2020년 예상 밖의 하락장을 버텨내며 본연의 취지를 입증했습니다. 끝으로 SWAN ETF를 통한 투자전략의 장점 및 아쉬운 점을 정리하며 마치겠습니다.

SWAN ETF의 장단점

1. 가장 큰 장점은 ETF 하나로 주식 강세장과 예상치 못한 급락장에

대한 방어 효과를 함께 누릴 수 있다는 점입니다. 단순히 SWAN ETF만 사서 보유하면 되니 누구나 쉽게 따라 할 수 있죠.

2. 매우 안정적인 변동성으로 꾸준하게 우상향하는 성과를 기대할 수 있습니다. 때문에 투자가 두렵거나, 예상치 못한 변동이 걱정되는 보수적인 투자자에게 어울립니다.

3. 단, 주식시장의 강세 구간이 길어지는 경우 상대적으로 성과가 낮게 느껴질 수 있습니다. 따라서 주식의 성과를 추종하면서도 변동성이 심하거나 손실이 큰 투자를 기피하는 투자자에게 어울립니다.

4. 옵션을 통한 주식시장 복제율이 45~50% 수준이기 때문에 주식시장이 급락하는 경우, 제한적이지만 손실이 발생할 수 있습니다.

5. ETF가 생겨난 이후 역사가 길지 않기에 투자 효과를 검증할 수 있는 기간이 짧습니다. 또한 주식시장의 강세가 지속되며 주식형 ETF에 자금이 집중되어 왔기에 상대적으로 ETF의 규모, 일간 거래량 등이 낮을 수 있습니다.

· 50만 원으로 따라 하는 SWAN 포트폴리오 ·

종목 코드	투자 비중	할당 금액 (22.5.30. 종가 환율 1238.6원 기준)	단가 (22.05.30 기준)	필요 주식 수
SWAN US	100.00%	403.68달러	28.7달러	14

정적자산배분 vs. 동적자산배분

지금까지 널리 쓰이고 있는 대표적인 자산배분 전략들을 살펴봤습니다. 이 전략들은 단순하면서도 막강한 효과를 보여주는 좋은 전략들입니다. 그런데 큰 틀에서 보자면 해당 전략들은 사전에 특정 자산에 대한 투자 비중을 고정해두고 꾸준히 해당 비중을 유지하는 '정적자산배분'에 해당됩니다. 그런데 이러한 정적자산배분과 대조되는 '동적자산배분'이라는 자산배분 전략도 있습니다. 이 둘의 공통점과 차이점은 무엇인지 한번 알아볼게요.

○●● 정적자산배분과 동적자산배분의 차이점

자산배분에는 크게 두 가지 축이 있는데, 바로 정적자산배분과 동적자산배분입니다. 정적자산배분이란 말 그대로 정적인, 움직임이 제한적인 자산배분을 의미합니다. 투자 전 각 자산군의 비율을 정해 놓고 그 비율을 유지하면서 정해진 시기에 리밸런싱하는 다소 수동적인 방식의 투자전략을 가리키죠. 앞서 살펴봤던 전략들이 모두 정적자산배분입니다.

반면 동적자산배분은 자산군별로 정해진 비율로 투자하는 것이 아니라 특정 규칙에 맞는 상황이나 국면이 왔을 때 자산군을 교체하거나 매도하는 등 더욱 능동적인 자산배분 전략을 실시하는 것을 의미합니다. 이와 같은 방식으로는 듀얼 모멘텀* 등 모멘텀 전략이나 적극적으로 위험 구간에 대응하기 위한 위험 관리 전략 등이 해당합니다. 동적자산배분은 정적자산배분보다 역

---

* Dual Momentum. 절대 모멘텀과 상대 모멘텀이라는 두 가지 모멘텀 전략이 더해진 구조로 듀얼 모멘텀이라고 불린다. 여기서 모멘텀(Momentum)이란 가격의 흐름 및 추세를 의미한다. 예를 들어 최근 수개월 동안 상승한 주식은 앞으로도 계속해서 오를 확률이 높다고 예상하여 투자하는 전략으로 이해하면 된다. 듀얼 모멘텀 전략은 정해진 기간 중 투자자산의 수익률이 플러스인지 마이너스인지에 따라 투자 여부를 결정하는 절대 모멘텀 전략과 해당 기간 중 비교 대상이 되는 자산들의 성과를 분석하여 상대적으로 매력적인(모멘텀이 큰) 자산을 선택하는 상대 모멘텀 전략을 동시에 활용한다.

사가 짧아서 21세기 이후에 본격적으로 연구되고 영역을 확대해 가고 있습니다.

그렇다면 과연 정적자산배분 전략과 동적자산배분 전략 중 뭐가 더 좋은 걸까요? 결론부터 이야기하면 두 전략이 효과를 보여줄 수 있는 구간의 성격이 다르기 때문에 무조건 한 방식이 우월하다고 단정 짓기는 어렵습니다. 수익률 관점에서 무엇이 더 좋은 선택지인지 고민하기보다는 '나에게는 어떠한 성격의 전략이 더욱 적합할까?'에 대한 고민이 필요합니다. 이를 위해 각 방법의 특징을 조금 더 자세히 살펴보겠습니다.

○●● 나에게는 어느 전략이 더 잘 맞을까?

정적자산배분은 누구나 쉽게 실천할 수 있고, 상대적으로 마음 편한 투자가 가능하다는 장점이 있습니다. 매일 변화하는 시장 흐름에 크게 개의치 않고 각 자산군의 분산 효과를 믿으며 장기적인 관점에서 배분하길 희망하는 투자자, 혹은 동적자산배분을 위해 시간을 쓰거나 공부할 수 있는 여력이 제한적인 투자자라면 쉽게 따라 할 수 있는 정적자산배분 전략이 어울립니다.

동적자산배분은 구간 구간의 특성을 탐색하여 수익률을 적극적으로 높이거나 안정성을 높이는 과정을 더하는 것입니다. 금융 데이터를 가공하고, 전략을 수립하여 적극성을 가미한 동적자산배분은 정적자산배분 전략에 비해 장기 성과가 우월할 수 있습니다. 다만 동적인 전략을 위해 금융 데이터를 수집하고, 효과를 테스트하고, 신호 및 국면이 변화하는 상황을 끊임없이 추적해야 하는 등 많은 노력과 시간이 필요합니다.

정적자산배분과 동적자산배분의 특징과 장단점을 표로 요약해 보겠습니다.

• 정적자산배분 vs. 동적자산배분 •

	정적자산배분	동적자산배분
개념	• 자산군의 비율을 고정하여 유지 • 정기적인 리밸런싱 추구 예 60/40 투자법, 자산 3분법, 영구 포트폴리오 등	• 특정 규칙에 맞는 상황이나 국면에서 능동적으로 비중 조절 • 정기적 리밸런싱 외 적극적인 수시 리밸런싱 실시 예 듀얼 모멘텀, 리스크 패리티, 최소 분산 전략 등
장점	• 따라 하기 쉬움 • 마음 편한 투자	• 높은 수익률 • 위험관리 및 하방 방어
단점	• 단기적인 시장 상황에 대응 어려움 • 하락장 발생 시 장기 보유 필요	• 금융 데이터 가공 및 전략 수립의 어려움 • 시장 상황 체크 및 적극적 대응에 시간과 노력 필요

다시 강조하지만 어떤 자산배분 전략이 더 우월한가에 대한 명확한 정답은 없습니다. 또한 최근에는 정적자산배분에 동적자산배분을 결합한 합성 자산배분 전략에 대한 연구도 꾸준히 이뤄지고 있어 한 가지 방식만 고집할 필요가 없습니다. 본인의 투자 철학 및 성향에 따라 더욱 적합한 전략을 활용하면 되고, 각 전략의 장단점 및 유용성을 이해해서 다양한 형태로 변형해서 적용해도 좋습니다.

다만 투자 성향이 동적자산배분에 조금 더 가까운 투자자라면 보다 적극적인 종목 교체와 리밸런싱, 위험 관리 등을 위해 많은 시간과 노력을 투자해야 함을 반드시 기억해야 합니다. 이것이 어려울 경우 적극적인 동적자산배분을 실시하는 금융상품 및 서비스에 투자를 맡겨 간접투자하는 것도 방법이 될 수 있습니다.

핵심전략과
위성전략을 나누어라

 앞서 살펴본 다양한 자산배분 방법들 외에도 투자자 개
인의 성향을 반영하여 효율적으로 자산을 배분하는 대
표적인 방법 중 하나로 핵심-위성 전략이 있습니다.

○●● 핵심-위성 전략은 무엇인가

핵심-위성 전략은 자산배분 전략의 개념을 더욱 구체화한 방

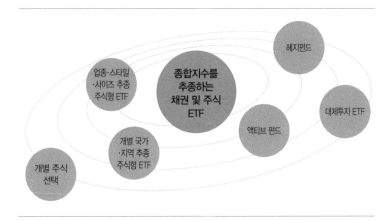

법으로, 앞서 살펴봤던 정적자산배분과 동적자산배분이 결합된 형태의 자산배분 전략입니다.

이 전략은 포트폴리오를 설계하는 과정에서 핵심Core이 되는 자산을 먼저 선택하고, 그 주변을 위성Satellite처럼 따라다니는 자산을 구성하여 운용하는 자산배분 전략을 뜻합니다. 따라서 큰 틀에서의 자산배분 전략을 지키면서도 본인의 위험 성향과 관심을 충분히 반영할 수 있다는 장점이 있죠.

큰 틀에서 보면 앞에서 다루었던 대표적인 자산배분 전략들도 일종의 핵심-위성 전략의 하나로 볼 수 있습니다. 각 자산군을 위성자산 없이 균등하게 핵심자산으로 배치하는 것이 자산 3분법 포트폴리오라면, 올웨더 포트폴리오는 다양한 투자 국면에 안정적으로 대응하기 위해 채권을 핵심자산으로 선정하고 주식이나 금 등 원자재를 위성자산으로써 적절하게 결합한 전략으로 볼 수 있습니다.

이와 같은 핵심-위성 전략은 개인뿐 아니라 쿼터백과 같은 투자기관도 많이 사용하는 전략 중 하나입니다. 기관의 경우에는 국내의 코스피, 미국의 S&P 500이나 나스닥 지수처럼 벤치마크를 추종하면서 초과수익을 달성하기 위한 목적으로 핵심-위성 전략을 많이 활용합니다.

핵심-위성 전략의 활용법

1. 먼저 시장지수를 추종하는 대표 주식이나 채권 지수(혹은 ETF)를 핵심자산으로 배치합니다.

2-1. 지역, 국가, 업종, 스타일, 종목 선택 등 전술적인 전략을 실시하는 자산을 위성자산으로 배치합니다.

2-2. 또는 인프라나 다양한 대체투자처럼 핵심자산과 상관관계가 낮고, 별도의 수익을 기대할 수 있는 자산을 위성자산으로 배치하는 방식을 주로 사용합니다.

○●● 핵심-위성 전략을 만드는 법

앞서 말한 활용법은 기관의 일반적인 설계 예시일 뿐 개인 투자자는 이러한 구조를 참고하여 각자에게 더욱 적합한 다양한 형태로 조합할 수 있습니다. 다만, 이 과정에서 아래 내용을 꼭 명심하길 바랍니다.

핵심-위성 전략 조합하는 법

1. 전체 포트폴리오가 추구하는 바가 명확해야 합니다.
2. 주식 위주의 포트폴리오보다는 자산 간(채권, 원자재 등) 배분을 통해 위험을 분산해야 합니다.
3. 또한 자산 간 상관관계를 고려하여 투자 비중에 차이를 두어야 합니다.
4. 구성하는 자산의 특성에 따라 알맞은 리밸런싱 주기를 선택해야 합니다.
5. 마지막으로 투자자 개인이 감당할 수 있는 위험 수준과 기대 수익률에 대한 명확한 이해를 통해 만족스럽고도 효율적인 구조의 포트폴리오를 만들어야 합니다.

만약 이와 같은 포트폴리오를 직접 구성하고 리밸런싱하는 것이 어렵다면 가장 효율적으로 운용되고 있는 대표적인 자산배분형 전략을 선택해서 핵심자산으로 삼고, 개별주식 투자나 다른 유형의 투자를 위성 전략으로 활용하여 나만의 포트폴리오를 설계하는 방법도 좋습니다. 핵심-위성 전략의 실전 사례는 다음 페이지에서 더 자세히 알아보겠습니다.

포트폴리오 구성 시 참고할 수 있도록 개인을 위한 핵심-위성 전략의 세 가지 사례에 대해 알아보겠습니다.

1. **글로벌 주식형 전략**: 다른 자산에 대한 분산투자 없이 주식에 100% 투자하더라도 글로벌 전체 주가지수를 추종하는 글로벌 주식을 중심에 두고 다양한 국가, 업종 및 스타일 등으로 구성하는 전략

2. **멀티인컴형 전략**: 고배당 주식, 고수익 채권, 부동산 리츠 등 꾸준한 수익(인컴)이 창출되는 자산군을 바탕으로 설계한 전략

3. **예적금 중심 전략**: 은행 예적금을 중심으로 적은 비중의 주식과 P2P 자산* 등을 섞은 보수적 전략

---

* 대출자와 투자자 사이에서 중재자 역할을 하는 기관 없이 개인과 개인 간(Peer to Peer) 직접 돈을 주고 빌리는 대출 서비스

지금 제시된 포트폴리오의 조합 역시 단순한 예시일 뿐이며, 각자 희망하는 전략을 선택하여 자유롭게 구성할 수 있습니다. 핵심-위성 전략에서 절대 공식이란 없습니다. 개인의 투자 철학과 관심에 따라 다양한 종류의 포트폴리오 설계가 가능합니다.

전세 보증금에 돈이 묶여 있는 교사

- 저도 주식투자를 시작해야 할까요?

초콜릿쌍화차

- **나이 & 직업:** 만 26세, 4년 차 교사
- **연봉 & 월급:** 4000만 원(세전), 월평균 실수령액 220만 원
- **주거 형태:** 전세 독립

초콜릿쌍화차 님의 현재 자산 구성

- **예·적금:** 적금 1200만 원
- **보증금:** 7000만 원
- **주택청약:** 500만 원

초콜릿쌍화차 님의 돈 관리 방법

- **월급 관리**
  - 직장생활을 시작한 지 3개월 정도 됐을 때부터 월급 관리의 틀을 잡았어요. 월급 수령일 일주일 전부터 월급명세서를 조회할 수 있어서, 이번 달에 들어올 수입을 기준으로 스마트폰 메모장에 월급을 어떻게 사용할지 흐름도를 적어둡니다.
  - 주택청약저축을 포함해 적금 160~170만 원을 고정적으로 저축합니다.

- 나머지 50~60만 원은 필수 생활비(공과금, 교통비, 식비), 비상금(경조사, 비정기적 모임), 여가비(의류, 화장품, 도서 등)로 나누고 주 단위 계획을 짜서 소비합니다. 항상 계획대로 되는 건 아니지만, 나름대로 잘 잡아둔 루틴이라 돈 관리를 하는 데 스트레스를 받지는 않아요.

- **지출 관리**
  - '안 쓰는 게 버는 것'이라고 생각해요. 대학생 때부터 용돈을 받지 않고 아르바이트를 하면서 학비와 용돈을 해결해서, 또래보다 덜 충동적으로 경제생활을 하는 것 같습니다.
  - 2021년부터는 환경을 생각한 가치 지향적 소비를 하다 보니 꼭 필요한 것과 갖고 싶은 것을 구분해서 의미 있게 돈을 쓰는 것 같아요.

- **자산 불리기**
  - 제 목표는 1억 원을 빨리 모은 뒤, 그다음에 금융투자를 시작하는 거라서 일단은 모으기만 하고 있어요.
  - 그런데 종종 큰돈을 벌 기회를 놓치고 있는 게 아닐까 하는 조바심이 들어요. 종종 주변 친구들이 주식 수익률을 자랑할 때도 '나도 지금이라도 해야 하는 거 아닌가'라는 생각에 조급해지는 것 같아요.

초콜릿쌍화차 님의 포트폴리오 고민

- 포트폴리오가 안정적이지만 수익성은 낮은 자산으로만 구성된 걸까요?
- 지금이라도 주식투자를 시작하는 게 현명할까요?

쿼터백의 포트폴리오 솔루션

계획적인 소비와 저축, 그리고 치밀한 목표 설정과 실행력으로 재테크를 해 나가시는 초콜릿쌍화차 님께 진심으로 존경의 박수를 보냅니다. 우리는 모두 안락한 노후를 위해 '자산형성'과 '자산관리'를 합니다. '자산형성'이란 초콜릿 쌍화차 님처럼 소득의 일정 부분을 규칙적으로 저축과 투자에 배분하여 목돈 을 만드는 것이고, '자산관리'는 이렇게 형성된 자산을 전략적으로 굴리는 것 을 뜻해요.

초콜릿쌍화차 님은 성공적으로 자산형성을 하고 있으니, 이제는 자산관리를 성공적으로 시작하실 차례입니다. '돈 굴리기 기술'이 필요한 단계라는 뜻이 예요. 먼저 현재 초콜릿쌍화차 님의 포트폴리오를 살펴볼게요.

• 초콜릿쌍화차 님의 금융자산 포트폴리오 •

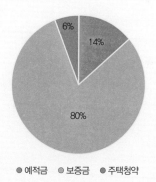

● 예적금 ● 보증금 ● 주택청약

돈을 안 쓰는 게 버는 거다!

맞는 말이지만 물가 상승을 고려해야 된답니다

초콜릿쌍화차 님이 선호하는 예적금은 일정한 이자로 원금을 지키며 목돈을 만드는 훌륭한 수단이에요. 그렇지만 장기적으로 물가 상승은 나의 금융자산 가치를 서서히 갉아먹는 위험 요인이기도 합니다. 그래서 우리는 '실질금리'의 개념을 늘 기억해야 하죠.

$$실질금리 = 명목금리^* - 물가\ 상승률$$

· 물가 상승률과 정기예금 금리 추이 ·

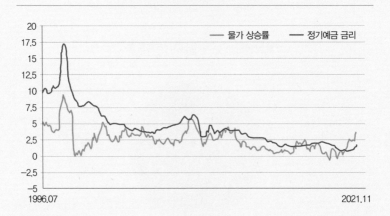

· 물가 상승률(소비자물가지수 전년 동월비), 정기예금 금리(1~2년 미만 정기예금 신규취급액 기준)

출처: 한국은행

* 물가 상승률이 반영되지 않는 금리

코로나19 국면을 지나면서 다양한 공산품과 서비스의 가격이 빠르게 오르고 있다는 것을 체감하고 계실 거예요.

과거에는 예금 금리가 절대적 기준으로도, 물가 상승률 대비 상대적 기준으로도 높았기 때문에 자산형성의 주요한 수단이었습니다.

지금은 상황이 달라졌어요. 2013년 이후 정기예금 금리는 연 3% 미만으로 하락했고, 선진국 경제 구조로 성장한 대한민국의 현실을 감안하면, 예금 금리는 장기적으로 낮은 수준에 머무를 가능성이 커요. 다음 그래프에서도 저금리 상태가 굳어지는 걸 확인할 수 있어요.

• 실질금리 추이 •

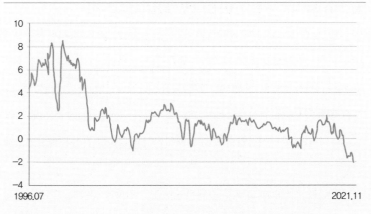

• 실질금리＝정기예금(1~2년 미만, 신규취급액 기준)금리 소비자물가지수 전년 동월비

출처: 한국은행

이렇게 장기 저금리가 굳어진 환경에서 물가가 가파르게 상승하면, 실질금리는 극단적으로 추락해 마이너스 구간에 들어서게 됩니다. 우리나라의 실질금리는 2021년 1월 0%에서, 11월에는 −2%로 하락했어요.

현재의 마이너스 실질금리가 유지된다면 예금과 적금, 전세보증금 등은 모두 매년 2%씩 가치가 떨어지는 셈이에요. 예금과 적금도 명목상의 원금은 보장되지만, 사실은 원금보다 가치가 낮아지는 상황입니다. 결국 주식이나 채권, 원자재 같은 원금 손실의 위험이 존재하지만 기대 수익이 높은 자산으로 배분하는 것은 선택이 아니라 필수에 가깝습니다.

Before 주식을 시작할까요?

After 트레이더가 될지, 투자자가 될지 먼저 결정하세요

많은 사람들이 주식투자를 시작하면 ①어느 증권사가 좋은지 ②어떤 종목이 좋은지 ③매수 가격과 매도 가격은 어떻게 결정해야 할지 이 세 가지를 먼저 알아보곤 해요. 하지만 쿼터백은 그 전에 자신에게 던져봐야 할 질문이 있다고 생각합니다. 바로 '나는 트레이더가 될 것인가, 투자자가 될 것인가'에 대한 질문이에요. 트레이더와 투자자의 차이점이 궁금하다면 198쪽을 참고하세요.

'직접투자'와 '간접투자'의 비중을 결정하는 것은 건물을 짓는 데 필요한 설계도를 그리는 것과 비슷해요. 치밀하고 꼼꼼한 설계가 선행되어야 튼튼한 건물을 지을 수 있듯, 직접투자와 간접투자의 비중을 사전에 정해놓아야 투자도 계획적이고 안정적으로 해나갈 수 있습니다.

모든 주식을 내가 직접 매매하는 직접투자 외에도 주식형 펀드나 ETF, 로보

어드바이저를 간접투자로 활용해보는 것도 내 금융자산을 주식으로 배분하는 좋은 방법이에요.

Before 개인연금을 하지 않고 있어요
After 연금의 3층 구조를 쌓아보세요
공무원의 경우, 공무원연금과 교원공제회의 장기저축급여 납부액이 크기 때문에 또 다른 '개인연금'의 필요성을 느끼지 못할 수 있습니다. 그러나 많은 은퇴 설계 전문가들이 연금 3층 구조를 적극적으로 활용할 것을 권하고 있어요.

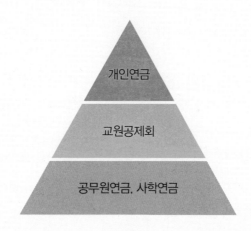

여기서 3층에 해당하는 개인연금의 경우, 정부가 개인연금을 통한 은퇴자금 형성 독려를 위해 다양한 세제 혜택을 주고 있답니다. 개인연금 계좌에서도 직접 펀드나 ETF로 구성할 수도 있고, 간편하게 로보어드바이저에 맡겨두는 방법도 있어요. 개인연금으로 3층 연금 구조의 마지막 퍼즐을 꼭 채워보세요.

우리사주가 있는 제조업체 대리

- 위험자산 비중이 높은 포트폴리오, 괜찮을까요?

시나몬

- **나이 & 직업:** 만 32세, 제조업 전산팀 4년 차 대리
- **연봉 & 월급:** 연봉 6900만 원(세전), 월평균 실수령액 약 360만 원(매달 100만 원 정도의 우리사주 구입 후 남은 금액)
- **주거 형태:** 회사 기숙사

🔍 시나몬 님의 현재 자산 구성

- **예·적금:** 청약저축 1250만 원(월 20만 원), 재형저축*: 2500만 원(분기별 200만 원)

- **투자:** 우리사주** 1억 2000만 원, 국내 주식 180만 원, 해외주식 50만 원, 해외 ETF 450만 원(월 30만 원), 암호화폐 20만 원

- **연금:** 연금저축 220만 원(월 30만 원), IRP 220만 원(월 30만 원)

- **부채:** 2200만 원(변동금리 연 2.96%, 비정기소득이 생길 때마다 갚는 중)

---

* 이자 및 배당소득에 대해 비과세 혜택이 있는 만기 10년의 적립식 저축상품

** 근로자들이 우리사주조합을 결성, 자기 회사 주식을 매입해 보유하도록 하는 제도

🏭 시나몬 님의 돈 관리 방법

- **목표:** 42살까지 금융자산 5억 원을 모으고 싶어요.
- **지출:** 월급이 들어오면 고정비(16만 원), 변동비(43만 원), 비정기지출(45만 원)을 빼고, 청약과 연금, 해외 ETF에 110만 원을 적립식으로 저축하고 있어요. 그리고 남는 금액은 분기별 재형저축 200만 원과 대출상환에 사용하고 있습니다.
- **카드:** 신용카드는 통신비와 주유 할인을 위해 매달 실적 30만 원까지 사용해요. 그 외에는 체크카드를 주로 활용하고, 지역화폐도 적극적으로 쓰고 있어요.
- **투자:** 소수점 단위로 미국 주식과 비트코인을 구매하고 있어요.

📑 시나몬 님의 포트폴리오 고민

- 올웨더 포트폴리오로 해외주식 ETF를 운용하는 중이에요. 그 외의 비트코인이나 개별종목의 비율은 어떻게 설정하는 게 좋을지 고민입니다.
- 재형저축이 2022년 12월 만기입니다. 재형저축을 깨서 대출부터 갚아야 할까요?

💰 쿼터백의 포트폴리오 솔루션

먼저 시나몬 님의 현재 포트폴리오부터 살펴볼게요. 시나몬 님의 금융자산은 주식과 암호화폐를 합쳐 약 75%, 예적금 22%, 연금 2.6%로 구성되어 있어요. 전체적으로 위험자산 비중이 높은 편입니다.

• 시나몬 님의 금융자산 포트폴리오 •

2,6% ─── 0,1%

22,2%

75,1%

● 예적금　● 주식　● 연금　● 암호화폐

Before 투자하다 보니 지금과 같은 자산 구성이 됐어요

After 금융자산에서 저축과 투자 비중을 자주 점검하세요

위험자산(주식 및 암호화폐) 비중이 다소 높은 편이지만, 매월 저축과 투자로 분배한 금액 중 절반 정도를 적금에 넣는 패턴을 고려할 때, 위험자산 비중은 점점 줄어들 것으로 예상됩니다. 앞으로 포트폴리오를 구성할 때 다음 두 가지를 고려해주세요!

1. 장기적으로 금융자산 총액 내에서 저축 및 투자 비중 정하기(**예** 저축액 30%, 투자액 70%)

2. 주기적으로 저축 및 투자 금액 비중 점검하기

Before 10년 후 금융자산 5억 원을 모으고 싶어요

After 연평균 기대 수익률과 투자＋저축액을 정해보세요

현재 금융자산 규모(1억 7000만 원)와 월간 저축액(177만 원)을 고려할 때, 시나몬 님은 10년 후에 '금융자산 5억 원 목표'를 달성할 수 있을 것으로 보여요. 목표를 확실히 달성할 수 있도록 좀 더 구체적인 실천 방법 두 가지를 알려드릴게요.

1. 월 투자 및 저축액 다짐을 지키고 매년 조금씩 늘리기
2. 연평균 기대 수익률 정하기

저축 및 투자 원금이 매년 3% 증가할 것으로 가정했을 때, 시나몬 님의 금융자산은 연평균 수익률에 따라 아래처럼 큰 폭으로 늘어날 수 있습니다.

- 시나몬 님은 현재 월평균 177만 원(연간 2124만 원)을 저축과 투자에 넣고 있어요.
- 월 저축 및 투자액을 매년 3%씩 늘리면, 향후 10년간의 저축 및 투자 원금은 총 2억 5000만 원
- 연평균 수익률을 2%, 4%, 6%, 8%로 가정할 때, 10년 후 금융자산 규모는 4억 8000만 원에서 7억 4000만 원까지 증가할 수 있습니다.

1%의 차이가 장기적으로 큰 차이를 만들어내는 걸 확인할 수 있어요. 투자는 나의 노후 준비를 위한 20〜30년짜리 마라톤입니다. 단기적으로 주위 사람

들의 성과에 위축되거나 조급해하지 마세요. 자신만의 연평균 목표 수익률을 정하고, 그에 맞는 다양한 전략과 방법으로 투자하면 됩니다.

Before ▶ **포트폴리오에서 우리사주 비중이 커요**
After ▶ **장기적으로 분산 계획을 세워보세요**

시나몬 님의 위험자산은 우리사주가 약 95%이고, 국내외 주식 및 ETF 등이 나머지 5%를 차지합니다. 한 종목에 초집중된 포트폴리오라고 해도 과언이 아닌데요.

시나몬 님이 보유한 우리사주가 꿈의 주식일지, 장기적으로 애물단지가 될지 그 누구도 예측할 수 없습니다. 하지만 원론적인 관점에서는 아래와 같은 진단을 내려볼 수 있어요.

1. 우리사주 주식의 가격 변화가 내 금융자산 전체에 미치는 영향이 지나치게 큽니다.
2. 그로 인해서 냉탕과 온탕을 오가는 심리적인 문제를 겪을 수 있습니다.

우리사주는 장기 보유에 따른 세금 혜택과 의무보유기간 제약이 존재하기 때문에 급하게 다른 자산으로 교체할 필요는 없어요. 다만 5~10년에 걸친 계획을 통해 투자처를 분산해볼 것을 추천합니다. 장기 보유에 따른 비과세 혜택을 충족할 때마다 보유 수량을 매년 10%씩 축소하는 것도 하나의 방법이에요. 다양한 투자처에 자산을 분산할수록 투자할 기회가 많아지니까요.

시나몬 님은 현재 올웨더 포트폴리오로 글로벌 자산배분을 하고 있는데요.

직접 ETF를 매매하면서 자산배분 전략을 실행하거나 쿼터백과 같은 로보어드바이저 앱을 활용해 글로벌 자산배분 전략에 손쉽게 투자할 수도 있습니다. 직접투자와 함께 간접투자를 병행하면 위험과 기회를 분산하고, 온전히 내 결정으로 투자하는 것보다 소중한 일상에 더 집중할 수 있답니다.

`Before` **재형저축과 대출 상환을 어떻게 할지 고민입니다**

`After` **저축 이자와 대출 이자 규모를 비교해서 결정하세요**

시나몬 님의 재형저축은 비과세 혜택(일반 이자소득세 15.4% vs. 재형저축 1.4%)과 높은 금리 수준(3.5%)을 고려할 때 아직 해지하기에는 아까운 상품으로 보입니다. 게다가 소득이 증가한 상태라서, 이제는 가입하고 싶어도 불가능하다는 아쉬움이 있죠.

시나몬 님은 현재 상여금 등으로 틈틈이 부채를 상환 중인데요. 단지 '빚을 지고 있어 마음이 불편하다'라는 이유 때문이라면, 대출 상환을 서두를 필요가 없어 보여요. 저축 이자 수익이 대출 이자 지출보다 더 크게 유지되는 시점에서 현재 부채는 시나몬 님의 자산관리에 플러스 효과가 있습니다. 다만 코로나19 팬데믹 이후 전 세계적으로 경제 부양을 위해 시장에 공급했던 현금을 조금씩 회수하기 시작했고, 한국도 시장 금리가 상승하는 분위기인 만큼, 연간 대출 이자 지출(대출금×대출금리)이 연간 저축 이자 수익보다 커지는 시점에서 대출 상환을 고려해 보면 좋겠습니다.

나는 마음 편한 투자를 한다

: 하락장에 더 빛나는 자산배분 절대법칙

혹시 지금이
하락장의 시작일까?

2022년으로 접어들며 많은 투자자들이 인플레이션과 미국의 긴축 정책, 코로나 변이 바이러스인 오미크론 등으로 인한 향후 경제 불확실성을 불안하게 느끼고 있습니다. 실제로 이와 같은 우려가 반영되며 글로벌 주식시장의 약 60%를 차지하고 있는 미국 S&P 500 지수가 2022년 1월 한 달에만 10% 이상 큰 폭으로 하락하기도 했죠. 더군다나 2022년 본격적인 미국의 금리 인상이 시작되자 계속적인 하락이 나타날 수 있다는 우려의 목소리가 높아지고 있습니다.

○●● 주식시장 조정은 생각보다 자주 발생한다

그런데 중요한 사실은 주식시장에서 이와 같은 강도의 하락은 이례적인 수준이 아니며, 늘상 반복적으로 발생할 수 있는 이벤트라는 점입니다. 과거 사례 분석을 통해 시장 하락과 관련된 내용을 크게 세 가지로 정리해보겠습니다.

1. 주식시장에서 5%~10% 수준의 조정은 종종 나타난다

여기서는 미국의 주식시장을 기준으로 살펴보겠습니다. 1929년 이후 미국 S&P 500 지수를 살펴봤을 때 대략 1년에 한 번꼴로 5% 이상의 하락이 발생했으며, 10% 이상의 조정도 약 2년에 한 번 수준의 빈도로 발생했습니다. 다만 30% 이상의 하락은 약 13년에

· 미국 S&P 500 하락 분석 ·

(1929.1~2022.1)

평균 발생 주기	−5% 이상	−10% 이상	−20% 이상	−30% 이상
	1.2년	2.1년	5.8년	13.2년

출처: 블룸버그

한 번 정도로 낮은 확률로 발생했다는 점을 알 수 있었습니다.

즉, 주식시장에서 30%를 초과하는 강도의 조정이 발생하는 것이 아니라 5~10% 수준의 하락은 빈번하게 발생할 수 있으니 크게 동요할 필요가 없다는 뜻입니다.

2. 조정은 대부분 빠르게 회복한다

지난 2000년 이후 연중 두 자릿수 이상의 조정이 발생했던 경우는 총 18번이었습니다. 다만 그중 결국 연말에 이르러 1년 수익률이 플러스로 마감했던 경우는 무려 11번에 달했습니다. 가까운 예로 지난 2020년 1분기 중 미국 S&P 500 지수는 코로나로 인한 공포로 단기간 내 약 34% 급락했지만, 결국 연말까지 회복하며 2020년 전체적으로는 16% 상승하며 마감했었죠.

갑작스럽게 시장에서 조정이 발생하는 경우 막연하게 공포 혹은 불안에 휩싸여 당장 매도해 버리기보다는 조정이 발생한 원인, 하락 후 반등 가능성 등 종합적인 것들을 고려해야 합니다. 앞서 살펴본 바와 같이 일반적으로 단기에 하락폭이 큰 경우 이후 반등도 크게 나타나는 경우가 많습니다. 하락이 발생할 때마다 감정적으로 대응하기보다는 자산 가격의 우상향 가능성을 믿고 꾸준하게 투자해야 합니다.

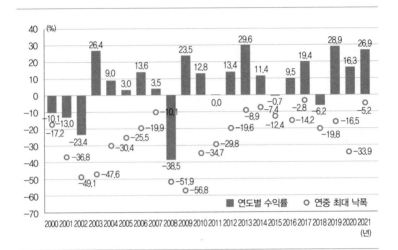

• 미국 S&P 500 지수 연도별 수익률 •

출처: 블룸버그

3. 진짜 폭락장은 대부분 경기 침체와 관련이 있다

투자자들이 경계해야 하는 것은 30% 이상 하락하는 '진짜' 폭락장입니다. 그런데 이러한 폭락장은 경기 침체와 관련이 있는 경우가 대부분입니다. 예를 들어 1997년 한국의 IMF 구제금융은 한국 기업들의 높은 부채가 미국의 금리 인상과 맞물리며 경기 침체로 이어졌고, 2008년 글로벌 금융위기는 미국의 높은 가계 부채가 금리 인상 시기와 맞물리며 결국 주택 시장 붕괴 및 경기 침체로 이어졌던 사례죠.

여기서 중요한 점은 이와 같이 하락장이 경기 침체와 관련이 있는 경우는 하락 폭이 크게 발생했으나, 경기 침체와 무관했던 하락장의 경우 상대적으로 낙폭이 작았다는 사실입니다. 다음 그래프에서도 확인이 가능하듯 경기 침체를 동반한 하락장은 평균적으로 40% 이상의 폭락으로 이어졌던 사례가 많지만, 경기 침체 구간이 아닌 경우는 20%를 상회하는 하락이 발생했음에도 상대적으로 낙폭이 작았고 빠른 회복이 가능했습니다.

때문에 큰 폭의 하락장이 발생했을 때는 ①현재의 경제 사이클이 경기 침체 구간인가? 혹은 ②향후 경기 침체 가능성이 높은가? 두 가지를 생각하며 하락장과 경기 침체와의 관계를 염두에

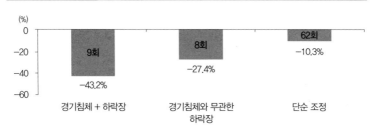

· 미국 S&P 500 사례별 평균 하락 폭 ·

(1929~2022)

· 단순 조정은 5% 이상~20% 미만의 조정을 뜻하며, 하락장은 20% 이상의 하락을 뜻함

출처: 블룸버그

두어야 합니다.

물론 미래 어느 시점에서 경기 침체가 나타날지 정확한 시점을 예측하기는 어렵습니다. 그렇기 때문에 그 시점을 예측하기 위해 고민하기보다는 ①주식시장에서 5~10% 수준의 조정은 자주 발생할 수 있는 단기 조정일 확률이 높으며 ②이와 같은 조정은 일반적으로 빠른 속도로 회복한다는 점을 이해하고 투자를 유지하겠다는 마음가짐이 필요합니다. 다만 예상보다 큰 폭의 하락이 발생할 때 이것이 경기 침체와 관련이 있는지 여부는 주의해서 살펴봐야 합니다.

앞서 살펴봤던 자산배분 전략들 역시 이와 같은 주식의 높은 변동성과 등락의 특성을 고려하여 설계된 것이며, 일희일비하지 않고 꾸준히 자산을 배분하면 목표로 하는 연환산 성과를 거둘 수 있다는 점이 강조된 전략들입니다.

주식에만 투자해 하락이 발생할 때마다 불안해하기보다는 안정적으로 자산을 배분하는 자세가 필요합니다. 혹시 이미 자산을 배분한 투자자라면, 포트폴리오에서 공격수로 활용하고 있는 주식의 성질을 명확하게 이해하여 빈번하게 발생할 수 있는 하락장을 담담하게 바라보고 심리적 안정감을 얻기를 바랍니다.

장기투자
= 낮은 손실 확률

'투자에서 가장 친한 친구는 시간이다'라는 말을 들어본 적 있으신가요? 투자에 있어 시간이라는 개념이 중요한 이유는 크게 두 가지로 정리할 수 있습니다.

●●● 돈이 돈을 벌어주는 '복리 효과'

이해를 돕기 위해 25살의 A씨와 35살의 B씨가 65살에 은퇴할 때까지 매년 2000만 원씩 투자했을 경우를 비교해 보겠습니다. 연간 5%의 수익률을 거뒀다고 가정할 경우 25살부터 투자를 시작한 A씨는 은퇴 시점에서 약 25억 원을 모을 수 있습니다. 반면 A씨보다 투자 시작이 늦었던 B씨의 경우 은퇴 시점의 자금은 약 14억 원 수준으로 A씨에 비해 크게 낮았습니다.

원금만 따지고 보면 투자를 일찍 시작한 사람과 10년 늦게 시작한 사람의 차이는 매년 2000만 원씩, 총 2억 원 수준에 불과하지만 복리 효과로 인해 은퇴 시점에서 총 금액의 차이는 무려 11억 원으로 벌어졌습니다. 이와 같이 복리 효과를 누리려면 돈이 돈을 벌 수 있도록 투자에 있어 충분한 시간이 확보되어야 하죠.

• 투자 기간의 차이에 따라 벌어지는 금액 차이 •

○●● 투자 기간이 길어질수록 줄어드는 손실 확률

만약 1988년부터 1년 단위로 미국 주식(S&P 500 지수 기준)에 투자했다면 거둘 수 있었던 수익률의 범위는 -42%에서 +58%로 각 투자 구간에 따라 큰 폭의 손실을 경험했을 수 있습니다. 반면 5년 단위로 투자했을 경우 연평균 수익률의 범위는 -6.8%에서 +28%로 손실 범위가 대폭 줄어듭니다. 15년 동안 투자를 유지했다고 가정할 경우 연평균 수익률의 범위는 +3.8%에서 +12%로 전 구간에서 수익을 거뒀을 것이라는 분석이 가능해지죠.

만약 100% 주식에 투자하는 것이 아니라 주식과 채권에 50%씩 분산해서 투자했다고 가정한다면 어떠한 결과가 나왔을까요? 이 경우 5년 단위로 투자 시 연평균 수익률의 범위는 -1.2%에서 +18%로 손실 폭이 낮아졌으며, 10년 단위로 투자를 했다면 지난 34년간 한 번도 손실이 발생하지 않았다는 결과를 얻을 수 있었습니다.

물론 이와 같은 사례는 과거 데이터에 기반하여 계산한 것으로 미래에 똑같이 반복되지 않을 수 있으며, 과거 수익률이 미래의 수익률을 보장하지 않는다는 점은 유의해야 합니다. 다만 투자 기간을 길게 잡을 경우, 그리고 주식 외에 다른 자산을 결합할 경

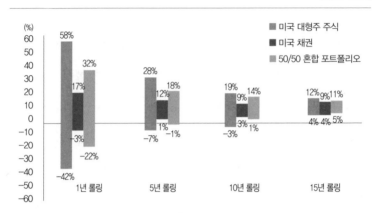

• 투자 기간에 따른 수익률 분포 •

(1988~2021)

* 달력 기준 수익률로 계산. 예를 들어 5년 롤링* 기준 수익률은 5년 동안 지속적으로 투자했을 경우 연평균 수익률의 분포를 나타냄

출처: 블룸버그, 쿼터백

우 손실 확률이 크게 낮아지며 성공적인 투자로 이어질 가능성이 높아진다는 점은 꼭 기억하기 바랍니다.

* 특정 기간 단위로 투자 기간을 변경하여 투자 결과를 분석하는 것. 예를 들어 1년 롤링의 경우 2012년부터 2013년까지의 투자 결과를 분석한 후 1년 이동하여 다음 2013년부터 2014년까지 투자 결과를 분석하는 것을 말한다.

○●● 투자하기 가장 좋은 때는 지금

많은 사람들이 '투자는 언제 하는 것이 좋나요?'라는 질문을 합니다. 이 질문에 대해 많은 투자 전문가들은 '지금 당장'이라고 답하죠. 그 이유는 이와 같이 ①시간이 길어질수록 늘어나는 복리 효과 그리고 ②손실 확률을 낮춰주는 장기투자 효과 때문입니다.

그렇다고 무조건 매수 후 오랜 시간 보유하는 형태의 장기투자는 경계해야 합니다. 그 이유에 대해서는 256쪽에서 알아볼게요. 나의 투자 성향에 맞는 투자전략을 선택하고, 충분하게 자산을 분산하여 안정적으로 복리 효과를 누릴 수 있도록 해두어야 합니다. 독자 여러분이 하루 빨리 '시간을 내 편'으로 만드는 장기투자에 동참하길 기원합니다.

투자를 방해하는
심리적 장애물을 넘는 법

많은 사람들이 투자를 어려워하거나 실패하는 이유를 이해하기 위해서는 먼저 우리들의 감정 및 심리 상태가 투자에 어떠한 영향을 주는지 이해할 필요가 있습니다. 행동경제학 분야의 대가인 슐로모 베나치Shlomo Benartzi 교수는 TED 강연을 통해 사람들이 투자, 저축 등 노후를 준비하는 데 있어 가장 크게 어려움을 느끼는 이유 중 하나가 바로 심리적 성향에 있다고 밝힌 바 있습니다. 행동경제학이란 인간이 금융이나 경제와 관련된 결정을 하는 데 있어 왜 합리적인 행동보다는 감정적인 의사

결정을 하는지 설명하는 경제학 분야로, 현재까지 꾸준히 발전해 오고 있습니다.

○●● 피해야 할 4가지 심리적 장애물

그렇다면 성공적인 투자를 가로막는 대표적인 심리적 장애물에는 어떤 것들이 있는지 함께 살펴볼까요?

1. 남들을 쫓아 투자하는 '군중 심리'

한때 휩쓸고 지나갔던 중국 및 베트남 펀드 등 해외 펀드 열풍, 비트코인 등 가상화폐를 둘러싼 최근의 투자 열풍 또한 이러한 군중 심리가 반영된 대표적인 사례로 볼 수 있습니다. 만약 본인이 가지고 있는 원래의 투자 성향이나 목적에 맞춰 체계적으로 투자하기보다는 단순히 남들이 투자했거나 많이 벌었다고 들어서, 또는 현재 유행하는 투자 수단이기 때문에 막연하게 투자했거나 해보고 싶다는 욕구를 느꼈다면 바로 이와 같은 군중 심리에 이끌린 것입니다.

2. 미래보다 눈앞의 이익을 우선시하는 '현재 편향적 성향'

한 실험에서 참가자들에게 현재부터 일 년 후에 사과 한 개를 받을지, 아니면 일 년 하고도 하루를 더 기다려 사과 두 개를 받을지 선택하라고 했을 때 참가자 대다수가 하루를 더 기다리겠다고 답했다고 합니다. 하지만 참가자들에게 오늘 사과 한 개를 받을지, 내일 사과 두 개를 받을지 선택하라고 했더니 이때는 상당수가 태도를 바꿔 오늘 당장 사과 한 개를 받겠다고 대답했습니다.

사과를 많이 받는 것이 목적이라면 두 가지 경우 모두 하루를 더 기다리는 것이 현명한 선택일 것입니다. 그러나 대부분의 사람들이 현재로부터 먼 미래에 사과를 하나 더 받기 위해서는 하루를 더 기다릴 수 있었지만, 가까운 미래에선 하루 일찍 사과를 받는 것을 선호합니다. 미래를 위해 긴 시간을 두고 꾸준히 투자해야 함에도 불구하고 많은 투자자들이 현재 눈앞의 이익을 우선시하고 투자를 유지하지 못하는 이유도 바로 여기에 있습니다.

3. 변화나 귀찮은 것을 기피하는 '현상 유지 심리'

이와 같은 현상은 투자자가 이미 투자한 종목이나 상품을 쉽게 바꾸지 않으려는 상황에서 많이 나타납니다. 투자가 시작된 이후 아무런 변화를 주지 않으려는 심리는 ①투자 대안이 많아 선택이 어려울수록 ②투자 결정이 복잡할수록 ③본인이 아는 지식이 적을수록 강해지는 특성이 있습니다.

우리나라 퇴직연금 계좌에서도 이와 같은 현상이 빈번히 발견되고 있습니다. 금융감독원 보도자료에 따르면 퇴직연금 가입자 10명 중 9명이 처음에 예금 등 원리금 보장형으로 퇴직연금을 구성한 뒤 물가 상승률을 따라가지 못하는 낮은 수익률에도 불구하고 대부분 투자 운용 방식을 바꾸지 않고 유지한다고 합니다.

4. 손실을 참지 못하는 '손실 회피 성향'

또 다른 사과 실험으로 상황에 따른 원숭이의 반응을 살핀 결과가 있습니다. 한 무리의 원숭이에게 사과 한 개를 주었을 때 원숭이들은 매우 행복해했습니다. 그런데 다른 무리의 원숭이들에게는 사과 두 개를 주었다가 한개를 다시 뺏었더니, 여전히 사과 한 개를 가지고 있음에도 해당 무리의 원숭이들은 분노하며 길길이 날뛰었다고 합니다.

이처럼 손실이 발생하는 것은 본능적으로 싫은 일입니다. 그래서 많은 투자자들이 주가가 하락하는 등 손실을 입게 되면 논리적인 판단력이 약해지게 됩니다. 보유하고 있는 주식 종목이나 투자상품에서 손실이 발생했음에도 그대로 유지하다가 더욱 큰 손실을 입었던 경험은 한 번쯤 있을 것입니다. 본인이 투자한 자산이 앞으로 회복할 가능성이 극히 낮은 것을 알고 있음에도 많은 투자자들이 이를 쉽게 처분하지 못하는 현상도 손실 회피 성향과 관련이 있습니다.

반대로 주가가 오르는 상황에서 이익이 발생한 종목이나 투자상품을 빨리 팔아버리는 경우도 사실은 같은 심리에 기반을 두고 있습니다. 가격이 상승세이므로 계속 상승할 가능성이 있음에도 지나치게 빨리 처분하여 이익을 실현하고자 하는 현상은 결국 눈앞의 이익이 사라질지 모른다는 두려움, 즉 손실 회피 성향과 관련이 있죠. 때로는 일정 수준의 위험을 감수하고 투자를 지속하는 것이 유리한데도 혹시 모를 손실 발생 가능성이 싫어서 투자를 중간에 일찍 정리한다면 이는 성공적인 투자의 장애물이 될 수 있습니다.

만약 독자 여러분이 위에 나열된 내용 중 어딘가에 해당되는 것 같다고 해도 크게 낙심할 필요는 없습니다. 더욱 중요한 것은 이러한 심리적 장애물을 지금이라도 인지하고, 각각의 심리적 함정에 빠지지 않기 위해서 노력하는 것입니다. 그렇다면 각각의 함정에 따른 해결책도 알아보겠습니다.

심리적 장애물을 뛰어넘는 방법

1. 남을 쫓아 투자하는 '군중심리' 해결책: 남들이 모두 추천하는 투자 상품 및 종목이라면 의심해 볼 필요가 있습니다. 이미 가격이 너무 많이 올라서 좋은 투자 타이밍이 아니거나, 혹은 투자를 위한 타당한 이유가 없이 유행처럼 번졌을 수 있기 때문입니다. 따라서 책과 뉴스 등 다양한 채널을 통해서 투자대상을 직접 검토한 뒤 투자를 결정해야 합니다.

2. 현재의 이익을 중시하는 '현재 편향적 성향' 해결책: 내가 직접 행동으로 옮기기 힘들다면, 해지가 자유롭지 않은 투자 수단에 가입하거나 매월 자동으로 저축 또는 투자가 진행될 수 있도록 자동 이체 등을 활용해 보는 건 어떨까요? 당장 눈앞에 보이는 현금을 최대한 투자로 활용할 수 있도록 재배치하는 것이 중요합니다.

3. 변화를 싫어하는 '현상 유지 심리' 해결책: 본인이 보유하고 있는 종목이나 상품에 대해 객관적으로 검토할 수 있는 능력을 기르거나, 다양한 여건에 따라 스스로 투자하기 어려운 경우 전문 금융기관이 제공하는 자문 및 일임 서비스를 활용하는 것도 좋습니다. '자문 서비스'는 본인에게 적합한 투자안을 추천받은 이후 투자자가 직접투

자 여부를 결정하는 방식이며, '일임 서비스'는 전문기관이 투자자 개인의 필요에 맞추어 직접 운용 및 관리까지 해준다는 특징이 있습니다. 이와 같은 서비스는 요즘 모바일 앱 등을 통해 다양하게 제공되고 있습니다.

4. 손실을 참지 못하는 '손실 회피 성향' 해결책: 손절해야 함에도 계속해서 손실을 쌓아가고 있거나, 투자를 지속해야 함에도 손실을 기피해 단기적인 투자만 반복하고 있다면 감정적인 오류를 피하기 위한 나만의 투자 규칙을 만드는 것이 시급합니다. 이를 위해 앞서 설명했던 다양한 전략을 활용하여 나에게 적합한 '자산배분 포트폴리오'를 구축하는 것이 좋은 방법입니다.

신선도를 유지하는
포트폴리오 리밸런싱

투자를 시작하는 시점에서 아무리 효율적인 포트폴리오를 구성했더라도 시간이 지나면 점차 포트폴리오가 비효율적인 상태로 변할 수 있습니다. 포트폴리오를 구성하고 있는 각각의 자산 가격이 변동하면서 비중이 달라졌거나, 시장 상황 변화로 인해 전략 변경이 필요한 상태가 될 수도 있죠.

이와 같이 조정이 필요해진 포트폴리오를 원래의 포트폴리오로 원상복구시키거나 더욱 효율적인 포트폴리오로 수정하는 작업을 포트폴리오의 리밸런싱이라고 합니다.

○●● 리밸런싱, 언제 해야 할까?

리밸런싱은 보통 정기적으로 실행합니다. 펀드 등 대부분의 금융상품에서는 월간, 분기, 반기, 연간 등의 특정 기간을 설정하고 해당 시기에 맞춰 새로운 정보를 반영하여 포트폴리오를 재구성하는 방식을 취합니다.

그러나 전반적인 경제 상황 및 산업 동향의 변화, 외부적인 이벤트가 발생하는 등 자산군의 가치에 영향을 미치는 여러 가지 조건들이 급변할 경우 정기적인 변경 외에 수시 조정이 필요할 수 있습니다. 상황에 따라 투자자의 위험 성향(예 공격적, 방어적)이 바뀌거나 기대하는 이익 수준이 달라진다면 이를 반영해 포트폴리오를 즉각 수정해야 하기 때문입니다.

그렇다면 시장 상황에 따라 자산 비중에 변화를 주는 리밸런싱 포트폴리오가 무조건 바이 앤 홀드 전략Buy & Hold*을 취하는 포트폴리오에 비해 뛰어난 성과를 보장할까요? 이에 대해서는 정확한 답을 내리기 어렵습니다. 왜냐면 각각의 전략이 추구하는 바가 다르기 때문입니다.

---

* 주식을 매수한 후 쉽게 매도하지 않고 장기 보유하는 전략. '매수 후 보유 전략'이라고도 부른다.

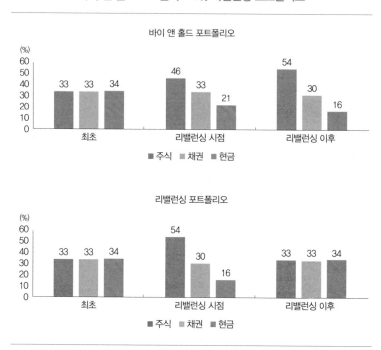

· 바이 앤 홀드 포트폴리오 vs. 리밸런싱 포트폴리오 ·

바이 앤 홀드 포트폴리오

(%)

최초: 주식 33, 채권 33, 현금 34
리밸런싱 시점: 주식 46, 채권 33, 현금 21
리밸런싱 이후: 주식 54, 채권 30, 현금 16

■ 주식 ■ 채권 ■ 현금

리밸런싱 포트폴리오

(%)

최초: 주식 33, 채권 33, 현금 34
리밸런싱 시점: 주식 54, 채권 30, 현금 16
리밸런싱 이후: 주식 33, 채권 33, 현금 34

■ 주식 ■ 채권 ■ 현금

정기 혹은 수시 변경을 실시하는 '포트폴리오 리밸런싱'은 적
정 시점에서 손익을 확정하고 포트폴리오의 기본 비중으로 돌아
가는 것을 추구합니다. 이를 위해서 목표 비중보다 비중이 높아
진 자산을 매도하고, 비중이 낮아진 자산에 추가 투자를 하게 됩
니다. 이를 통해 특정 자산이나 종목에 쏠림을 방지하는 한편, 저
평가된 자산을 매수하면서 기대 수익률을 높이고 균형 잡힌 분산

투자를 추구합니다.

반면 바이 앤 홀드 전략 포트폴리오의 경우 최초 배분 이후 별다른 변화를 주지 않는 방식입니다. 이 포트폴리오는 별도의 리밸런싱을 진행하지 않기 때문에 자산 가격의 변동에 따라 자산별 비중이 최초 선택했던 비중과 지속적으로 차이가 발생합니다.

보다 명확한 이해를 돕기 위해 바이 앤 홀드 포트폴리오에 대한 예를 들겠습니다. 만약 가격이 1000원으로 동일한 A와 B 상품에 50대 50의 비중으로 투자했다고 가정해 보겠습니다. 이후 시간이 흘러 A의 평가금액은 1500원이 되고 B의 평가금액은 500원이 될 경우, 각 종목의 포트폴리오에서의 비중은 50 대 50이 아니라 75대 25로 변하게 됩니다. 이처럼 상승 폭이 컸던 종목의 비중은 점점 높아지게 되며, 그렇지 못한 종목의 비중은 점점 축소됩니다.

이것은 '달리는 말에 계속 올라타는 것'과 같이 승자에게 꾸준히 비중을 더해주는 전략입니다. 결국 비중이 높아진 종목의 등락에 따라 전체 포트폴리오의 수익률 역시 좌우되는 구조가 됩니다. 즉, 분산투자보다는 집중투자의 성격을 띄게 되는 것이죠.

투자전략에 정답은 없습니다. 자산배분 전략을 실시할 때는 어떠한 리밸런싱 혹은 업그레이드 방식을 취할 것인지, 내 투자 성향에 적합한 방식은 무엇인지를 이해하는 것이 중요합니다. 또한 만약 정기적인 리밸런싱 방식을 취한다면 어느 정도의 주기로 언제(예 월초, 월말, 분기초, 분기말 등) 실시하는지에 따라 투자의 결과가 달라질 수 있기에 리밸런싱에 관련된 세부적인 스킬을 계속 익혀나가는 것이 중요합니다.

보통 자산배분형 상품을 투자하는 펀드매니저나 자산운용사에서는 월간, 혹은 분기마다 리밸런싱을 실시합니다. 이때는 월말이나 분기 말까지 확보된 데이터를 기준으로 월초나 분기 초에 리밸런싱하는 경우가 많죠. 리밸런싱을 실시할 때는 초기에 설정해둔 각 투자 대상의 비중과 현재의 비중을 비교해서 초기의 비중대로 다시 맞추고 있습니다. 이 과정에서 가격이 오르며 비중이 커진 종목을 팔고, 가격이 하락하며 비중이 축소된 종목을 매수하는 조정이 이루어집니다. 다만 영구 포트폴리오 등 일부 정적자산배분 전략은 연 1회 리밸런싱을 추구하기 때문에 이 경우는 연초에 한 번만 포트폴리오를 점검하고 리밸런싱하면 됩니다.

투자 위험과
변동성 깊이 알기

앞서 투자에 있어 '위험'이란 '우리가 투자 기간 중 필요로 하는 순간에 기대했던 수익을 거두지 못하는 것'이라고 이야기했습니다. 그리고 위험이란 투자의 세계에서 변동성이라고 불린다고 했죠. 결국 변동성이 높으면 나의 투자 금액이 손실로 이어질 가능성이 높을 수 있다는 뜻입니다. 그러면 반대로 '낮은 변동성=낮은 투자 위험'이라는 공식이 반드시 성립할까요? 그리고 변동성이 꼭 모든 투자자들에게 부정적인 요인이 될까요? 함께 살펴보겠습니다.

○●● 투자 위험과 관련해 꼭 알아둬야 할 3가지

여기서 우리는 투자 결정에 있어 위험과 관련된 아래 사항을 꼭 명심해야 합니다.

1. 낮은 변동성이 원금 손실 가능성이 없음을 의미하지는 않는다

변동성이 낮은 투자 수단은 위험이 낮아 매력적으로 보일 수 있지만, 이것이 원금 손실 가능성이 없다는 의미는 아닙니다. 평소에는 변동성이 낮게 유지되고 안정적으로 보일지라도 어떤 성격의 자산이냐에 따라 갑자기 손실 가능성이 높아지거나, 예상 외의 상황이 발생할 수 있습니다. 따라서 내가 투자하는 투자대상의 변동성과 상품의 구조, 원금 손실 가능성 등 다양한 조건을 함께 검토해야 합니다.

대표적인 사례로 몇 년 전 사회적으로 큰 파장을 일으킨 바 있는 사모펀드 사태를 살펴보겠습니다. 그 당시 논란의 중심에 있었던 사모펀드 대부분은 높은 변동성을 지닌 주식에 비해 상대적으로 변동성이 낮은 것으로 알려진 대체자산에 집중해서 투자했습니다.

대체자산*은 주식과는 달리 거래되는 시장이 제한적이라 현금화가 어려울뿐더러 매일 적정한 가격을 측정하기 어렵다는 특징이 있습니다. 문제는 많은 투자자들이 이와 같은 특징을 제대로 인지하지 못한 채 이러한 상품이 단순히 주식보다 안정적이고 위험이 낮을 것이라는 믿음으로 자금을 맡겼다는 점입니다.

그러나 장기적인 관점에서 대체자산은 결국 만기가 돌아오기까지는 안심할 수 없습니다. 펀드의 만기가 돌아왔는데 만약 투자했던 자산이 부실한 자산인 경우, 이자나 추가 수익은커녕 원금조차 회복하지 못할 가능성이 존재하기 때문입니다. 실제로 가입 당시 낮은 위험과 안정적인 수익을 기대하고 투자했던 많은 투자자들이 손실을 피하지 못했던 경험을 눈여겨봐야 합니다.

2. 높은 변동성은 단기투자에서 치명적일 수 있다

투자 기간이 짧을 때 높은 변동성은 곧 높은 손실 확률로 이어질 수 있습니다. 단기적인 목적으로 투자하는 투자자들에게는 시장이 위아래로 크게 움직일 경우 자금이 필요한 순간 투자 손실

---

* 기존의 전통적인 자산인 주식 및 채권과 상관관계가 낮은 자산을 뜻한다. 부동산 사업 자금으로 돈을 빌려주고 정기적으로 원금과 이자를 지급 받는 구조의 부동산 프로젝트 파이낸싱 상품이나, 유동화된 매출 채권 등이 대체자산에 포함된다.

이 발생할 가능성이 높아지기 때문입니다. 만약 당장 자금이 필요한 시점에서 투자한 자금이 주식이나 펀드에 들어가 손실을 기록하고 있다면 손실을 감수하고 처분해야 할 수밖에 없을 것입니다. 이는 투자할 수 있는 기간이 짧다면 되도록 주식이나 가상화폐와 같은 변동성 높은 자산을 피해야 하는 이유이기도 합니다. 이 경우 투자가 아니라 짧은 기간 동안 수익을 거둘 수 있을지에 대한 베팅의 성격이 될 수 있기 때문입니다.

3. 장기투자자들에게는 변동성이 기회다

투자 과정 중에는 금융위기나 코로나19로 인한 급락장과 같이 일시적으로 변동성이 크게 확대되는 순탄치 않은 구간을 통과할 수 있습니다. 그러나 장기적인 시각에서 볼 때 이와 같은 구간은 단기적인 출렁거림일 가능성이 높습니다.

물론 구간마다의 변동성이 투자자들에게 신경 쓰이는 요인이 될 수 있습니다. 그러나 장기투자자들에게 있어 더욱 중요한 것은 단기적인 가격 움직임보다 나의 투자 목표가 이루어지는 시점에서 최종적으로 거둘 수 있는 '내 투자자산의 최종 가치'입니다. 때문에 오히려 변동성이 높아진 구간에서 주식 등 위험자산의 투자 비중을 확대하는 등의 역발상 투자도 가능할 수 있습니다.

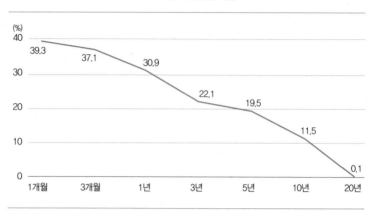

• 투자 기간과 손실 확률 •

결국 투자기간이 길어질수록 단기적인 변동성의 영향을 덜 받게 되어 손실 확률이 떨어집니다. 따라서 어느 정도의 손실은 극복할 수 있다는 관점에서 긴 여정에 걸쳐 변동성을 관리하고 활용할 줄 알아야 합니다.

'투자 위험'과 '변동성'을 이해했다면 앞으로 투자를 할 때는 ①투자 수단에 대한 꼼꼼한 검토와 확인 ②단기투자 시 높은 변동성 투자 지양 ③장기투자를 통해 단기 변동성을 감수하고 손실 확률을 낮추어야 한다는 점을 깨달았을 것입니다.

단기간 내 막대한 부를 거두는 법은 그 누구도 명확히 알려줄 수 없습니다. 그러한 방법이 있다면 이 세상에 부자가 되지 않을 사람이 없겠죠. 우리는 단기가 아니라 장기적인 관점에서 부를 구축하겠다는 목표를 세워야 합니다. 앞서 언급된 투자 위험과 변동성을 이해하고 본인에게 적합한 자산배분을 통해 분산투자를 한다면 성공적인 투자에 한 걸음 더 다가갈 수 있을 것입니다.

나는 제대로 된
분산투자를 하고 있을까?

많은 투자자가 본인이 자산배분, 즉 분산투자를 하고 있다고 자신 있게 이야기합니다. 그러나 실제 어떤 식으로 분산투자를 실시하고 있는지 그 내역을 확인해 보면 기대와 다른 경우가 많습니다. 그 이유는 많은 투자자들이 하고 있는 분산투자는 단순히 한 가지 상품이 아닌 여러 가지의 상품으로 자금을 나누어 투자했을 뿐, 정확한 의미의 분산투자가 이뤄지지 않은 경우가 대다수이기 때문입니다.

○●● 사례로 알아보는 잘못된 분산투자

실제 사례 중 아래 그림을 통해 대표적인 설계상의 실수들을 살펴보겠습니다.

• 잘못된 포트폴리오 설계 사례 •

사례 A, B, C에서 공통적으로 나타나는 문제점은 국내 주식에 대한 투자 비중이 지나치게 높다는 점입니다. 물론 한국 투자자들이 국내 주식을 선호하는 것은 당연한 현상입니다. 이건 한국

투자자들뿐 아니라 전 세계 어디를 가도 유사하게 나타나는 현상이며, 이를 자국 편향이라고 부르기도 합니다.

한국 투자자에게는 아무래도 한국 주식이 친숙합니다. 그리고 본인이 잘 안다고 생각하기 때문에 투자의 상당 부분을 한국 주식에 배분합니다. 그렇지만 글로벌 주식시장에서 한국이 차지하는 비중은 약 2% 수준(시가총액 기준)에 불과합니다. 즉, 세계적인 관점에서 살펴볼 때 한국 시장의 비중과 중요도가 상당히 낮음에도 불구하고 자산을 배분함에 있어서는 이를 제대로 반영하지 않는다는 것입니다.

자산의 100%가 주식에 투자된 사례 A

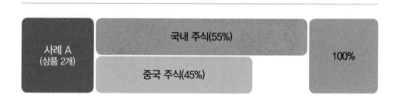

사례 A에서 보이는 추가적인 문제점은 자산의 100%가 주식에 투자되어 있으며, 특히 전부 신흥국 주식에 투자되어 있다는 점입니다. 주식에 100% 투자하여 주가가 큰 폭으로 상승하면 가장

수익률이 높은 투자 방식이 될 수 있겠지만, 만약 반대의 경우가 발생한다면 상당히 치명적인 결과를 불러올 수 있습니다. 실제 과거 2008년 금융위기 당시 많은 투자자가 이와 유사한 이유로 막대한 피해를 입은 바 있었다는 점을 기억해야 합니다.

만약 여기서 중국 주식 대신 미국이나 글로벌 주식을 선택하여 설계한다면 사례 A보다는 지역적인 분산의 개념으로 상대적으로 효율적일 수 있으나, 이것 역시 주식에만 100% 투자한 주식 위주의 공격적인 포트폴리오라는 점은 변함이 없습니다.

분산 효과가 부족한 사례 B

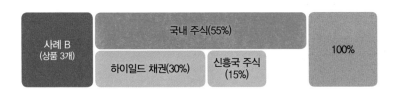

사례 B는 사례 A보다는 비교적 양호합니다. 우선 주식 100%의 포트폴리오 대신 자산의 30%를 채권에 분산했고, 중국 주식 대신 신흥국 전체 주가지수를 추종하는 상품을 선택하여 특정 국가에 대한 위험을 분산했기 때문입니다.

그렇지만 사례 B 역시 여전히 국내 주식의 비중이 50%가 넘고, 신흥국 주식과 합산할 경우 주식의 비중이 약 70% 수준에 달하는 공격적인 포트폴리오로 볼 수 있습니다. 또한 채권 역시 부도 위험이 상대적으로 높고 주식시장과의 상관관계가 높은 하이일드 채권*을 선택한 까닭에 채권으로의 배분을 통해 당초 거두고자 했던 분산 효과를 기대하기는 무리가 있습니다.

분산은 했지만 여전히 국내 주식에 편향된 사례 C

마지막으로 사례 C를 살펴보겠습니다. 이 경우 국내 주식을 고배당주, 중소형주 등으로 다변화시켰지만 사례 B와 마찬가지로 국내 주식에 지나치게 편향된 문제가 여전히 존재합니다. 그러나

---

* High Yield Bonds. 신용등급은 낮지만 금리가 높은 고금리 채권을 뜻한다. S&P 기준으로는 BB+ 등급 이하, 무디스 기준 Ba1 등급 이하의 신용등급을 받은 채권을 말하며 투자주의등급채권, 정크본드, 투자부적격채권이라고도 한다.

다수의 투자자들이 결국은 똑같이 한국 주식에 투자하는 것임에도 불구하고 배당주, 중소형주, 코스닥, 대형주 등을 선택해서 나누어 투자하면 성공적으로 분산투자했다고 여기는 경우가 많기에 대표적인 사례로 언급했습니다.

이와 같은 투자 설계는 개인적인 펀드 투자에서는 물론이고, 개인연금, 변액연금 등 연금 관련 투자를 설계할 때도 빈번하게 발생하는 설계상의 문제점입니다. 특히 연금의 경우는 인생 후반부의 안정적인 소득을 창출하는 매우 중요한 자금임에도 불구하고 잘못 설계된 포트폴리오를 그대로 두고 있는 경우가 많습니다. 하루빨리 올바른 자산배분 전략을 실시하는 것이 중요한 이유입니다.

다시금 정리하자면 실제 자산을 배분하고 포트폴리오를 설계함에 있어 ①각 자산군의 성격과 상관관계를 이해하고 ②특정 자산에 지나치게 집중되지 않게 하며 ③자국 편향에 유의하고 ④ 자금의 성격에 따라 전체적인 위험도와 기대 수익률을 고려해야 합니다. 이러한 내용을 기억하면 다수가 범하는 일반적인 설계의 오류를 피하고 안정적인 자산배분 포트폴리오를 설계할 수 있을 것입니다.

트레이더가 될 것인가, 투자자가 될 것인가

주식, 채권과 금, 원유 같은 원자재에 이르기까지, 금융 투자를 시작하는 시점에 여러분은 '나는 트레이더가 될 것인가? 혹은 투자자가 될 것인가?'를 먼저 결정해야 합니다. 가격이 하락할 때 매수하고, 상승하면 매도하여 이익을 확정 짓는 트레이딩은 큰 쾌감을 선사합니다. 많은 사람들이 기가 막힌 타이밍에 내 돈을 투자하고 싶어 하며, 이를 통해 짧은 시간 안에 큰 수익을 내기를 원합니다. 잦은 매매의 어려움과 위험을 감수하고, 공부를 계속하며 적극적으로 투자하고 싶다면 트레이더가 되고 싶은 것입니다. 반면 어떤 사람들은 손실 가능성을 줄이고, 장기적으로 안정적인 수익을 쌓고 싶어 합니다. 투자자에 가까운 성향이죠.

트레이더가 되고자 한다면 ①매수와 매도 타이밍 ②매매 시점마다의 투자금액 ③손절과 이익실현의 가격 수준을 사전에 정해야 합니다. 만일 투자자가 되고자 한다면 ①현재 투자 가능한 금액 규모 ②정기적으로 추가 투자 가능한 금액 ③연간 목표 수익률 등을 확인하면 됩니다.

아래의 체크리스트를 통하여 현재 나는 트레이더가 될 준비가 되어 있는지, 혹은 투자자가 될 것인지를 자문해 보세요.

· **트레이더와 투자자의 차이점** ·

트레이더	투자자
· 투자할 자산군과 종목은 내가 선택하고 싶다. · 자산의 매수매도 시점은 내가 결정하고 싶다. · 자산이 거래되는 시간에 자유롭게 매매가 가능하다. · 매매 시마다 위험 관리를 위한 금액을 계산할 수 있다. · 단기간에 투자 성과를 확정짓고 싶다.	· 자산별 투자 비중과 세부 종목은 전문가에게 맡기고 싶다. · 자산들의 가격이 바뀔 때 타이밍을 맞출 자신이 없다. · 바빠서 자산들의 가격 변화를 계속 지켜보기 어렵다. · 현재 투자 가능 금액과 추가 투자 가능 금액을 알고 있다. · 정기적으로 꾸준한 투자 성과를 내고 싶다.

◦●● 나는 트레이더이자 투자자가 되고 싶은데?

　질문 리스트를 확인하고 나니 양쪽 모두에 관심이 생겼을 수 있습니다. 트레이더와 투자자는 양자택일의 문제가 아닐 수도 있죠. 양쪽을 다 경험하고 싶다면 내가 더 선호하는 스타일에 투자 금액의 2/3를, 덜 선호하는 스타일에 나머지를 배분하는 방법을 추천합니다.

　만약 트레이더 성향이 강하고, 시간 여유와 금융시장에 대한 지식이 충분하다면 투자 총액의 2/3를 트레이딩에, 1/3을 장기투자에 배분하세요. 반대로 투자에 큰 시간을 쏟기 어렵고 자산 가격 급변에 부담을 느낀다면 그 반대로 배분하면 됩니다. 6~12개월에 걸쳐 양쪽을 다 경험해본다면 스스로 적극적인 트레이더가 될 것인가, 혹은 안정적인 투자자가 될 것인가를 결정할 수 있을 것입니다.

　투자 대가인 워런 버핏은 '원칙 1. 절대로 돈을 잃지 말 것, 원칙 2. 제 1 원칙을 절대 잊지 말 것'이라는 유명한 투자 원칙을 밝힌 바 있습니다. 이는 전형적인 투자자의 마인드입니다. 한편 세계적으로 유명한 트레이더들이 공통적으로 밝히는 투자 철학 역시 '원칙을 세우고 이를 철저히 준수하라'는 것입니다. 즉 내가 투자자가 되든 트레이더가 되든 결국 금융 투자는 '원칙 준수'에 대한 철학으로 귀결되며, 그중 가장 핵심적인 원칙은 직접 매매할 자산과 간접적으로 매매할 자산의 규모를 정하고 이를 준수하는 것입니다.

로보어드바이저
200% 활용법

 돈을 모으고 굴리는 데 있어 투자가 중요하다는 점은
우리 모두 알고 있습니다. 하지만 바쁜 일상으로 인해
보통은 투자에 집중할 시간이 부족하죠. 그럴 때 유용한 자산관
리 방법이 있습니다. 바로 '투자일임 서비스'를 활용하는 것입니
다. 투자일임이란 자산운용사나 증권사처럼 자산을 전문적으로
관리할 수 있는 자격을 가진 기관과 투자자가 계약을 맺고 포트
폴리오 종목 구성부터 정기적인 리밸런싱까지 자산관리를 위한
전 과정을 전적으로 맡기는 계약을 말합니다.

○●● 로보어드바이저란 무엇일까?

　그중 인공지능 기술을 활용한 투자일임 서비스를 '로보어드바이저'라고도 부르며 우리나라에서도 최근 그 활용 영역이 폭넓게 확장되고 있습니다. 로보어드바이저라는 용어는 불과 몇 년 전만 해도 자세한 설명을 찾아보기 힘든 매우 생소한 개념이었으나 지금은 하루가 멀다 하고 관련 기사가 쏟아져 나올 뿐 아니라 대부분의 투자자가 한 번쯤은 들어본 익숙한 용어가 되었습니다.

・ **로보어드바이저란 무엇인가** ・

로봇(Robot) 자산 관리사 (Advisor) ➡ 로보어드바이저 (Robo-Advisor)	**특징** ・자동화된 자산관리 서비스 ・자산배분이 목적 ・주로 ETF를 활용

체계적인 투자시스템 및 자동화된 자산관리

・비이성적인 인간의 감정을 배제하고 데이터에 기반한 투자
・정기적·자동화된 포트폴리오 리밸런싱

낮은 보수

・디지털화 + ETF·인덱스 펀드를 활용하여 비용 절감

접근성

・온라인을 통해 재무 목표 설정 및 위험 성향 파악
・자산관리 현황을 언제·어디서나 확인할 수 있음

로보어드바이저^{Robo-Advisor}란 용어는 로봇을 뜻하는 '로보^{Robo}'와 자문사를 뜻하는 '어드바이저^{Advisor}'가 결합된 단어로, 수리적 규칙이나 알고리즘에 기반하여 인간 심리의 간섭을 최소화한 상태로 금융 서비스나 투자 관리를 온라인으로 제공하는 디지털 금융 서비스를 뜻합니다.

로보어드바이저는 2000년대 중반 이후 미국에서 출현하기 시작한 '온라인 특화 자산관리 회사'에서 시작되었습니다. 흔히 Y세대라고도 알려져 있는 미국의 밀레니얼 세대가 급부상하면서 이들의 특성을 반영한 새로운 금융 솔루션에 대한 목소리가 높아진 것이 지금의 로보어드바이저 성장의 밑거름이 되었죠.

왜 Y세대, 즉 밀레니얼 세대의 부상과 함께 로보어드바이저가 각광받고 있는 것일까요? 이들 세대는 기존 세대에 비해 저성장·저금리 시대를 살고 있으며 기존의 투자 수단을 불신하는 한편 비용에 매우 민감하고, 위험관리를 중시하며, IT 친화적이라는 특징이 있습니다. 이러한 세대의 니즈를 충족시키면서도 기존의 전통적인 자산관리 시장에 진입하기에는 가지고 있는 자금의 규모나 조건 때문에 금융 혜택을 누리지 못하는 계층까지 손쉽게 자산관리를 받을 수 있게끔 하는 것이 로보어드바이저의 역할이며, 이러한 장점이 널리 인정받으며 발전하게 되었습니다.

◌●● 로보어드바이저 바로 알기

일각에서는 로보어드바이저가 '머신러닝*', '딥러닝**' 등 기존에 접해보지 못한 인공지능 분석을 활용한다는 이유로 일정한 투자규칙에 따라 빈번하게 매매하며 수익을 창출하는 시스템 트레이딩이나, 고수익 종목을 선별해내는 '만능 시스템'으로 잘못된 오해를 하고 있는 경우가 많습니다.

그러나 로보어드바이저의 핵심은 인간을 이길 수 있는 '인공지능의 종목 찾기'가 아닙니다. 오히려 로보어드바이저는 고도화된 알고리즘과 빅데이터를 이용하여 모바일 기기나 PC를 통해 포트폴리오 관리를 수행하는 온라인 자산관리 서비스를 지향합니다.

온라인을 통해 고객으로부터 재무 상황과 미래 목표에 대한 정보를 수집한 뒤 그 데이터를 활용해 포트폴리오를 만들어 그에 맞게 고객 자산을 배분하고 투자하는 것이 로보어드바이저의 핵심입니다. 온라인 환경에서 자산배분 전략을 짜주기 때문에 개인 맞춤형 서비스를 제공할 수 있고, 수수료가 저렴하며, 기존에 비

---

* 컴퓨터가 경험을 통해 학습하는 과정을 거치면서 입력되지 않은 정보에 대한 문제 해결, 의사 결정 등을 할 수 있는 인공지능의 한 분야

** 사물이나 데이터를 군집화하거나 분류하는 데 사용하는 기술

해 낮은 자본금으로도 투자할 수 있도록 도와줍니다.

미국에서는 이미 인공지능 및 컴퓨터를 이용하여 개별종목에 투자하는 르네상스 테크놀로지^{Renaissance Technologies} 등 유명 업체들이 존재합니다. 이들은 고위험 고수익을 추구하며 높은 수수료를 부과하지만, 아무도 이들을 로보어드바이저로 분류하지 않습니다.

즉, 자동화된 투자 시스템을 모두 로보어드바이저로 분류하기보다는 ①주로 ETF를 활용하며 ②자산배분을 통한 자산관리에 목적을 두고 ③온라인 가입이 가능한 업체들을 로보어드바이저로 분류하죠(단, 일부 로보어드바이저의 경우 포트폴리오 내 주식 비중을 개별종목으로 대체하는 경우도 있습니다).

변화하는 금융환경에서 새로운 금융 솔루션에 대한 필요성은 높아질 것이며, 기존에 손쉽게 받기 어려웠던 양질의 서비스를 저렴하게 누릴 수 있는 기회에 대한 갈증이 점점 커져갈 것입니다. 로보어드바이저는 이와 같은 수요를 충족시켜줄 수 있는 솔루션으로 자리 잡고 있으며, 손쉬운 자산관리를 통해 고객이 원하는 투자에 기여하는 선순환 구조를 구축해 나갈 것으로 예상됩니다. 또한 이용이 편리할 뿐만 아니라 은퇴 및 생애 재무설계 서비스의 제공 등을 통해 구조적인 성장을 이뤄나가며 자산관리 서비스의 대중화를 견인할 것으로 전망됩니다. 그러니 당장 투자를 하고 싶지만 막상 뭘 해야 할지 막막하다면, 로보어드바이저를 통해 일단 투자를 시작해보거나 간접투자의 비중을 늘려보는 것이 마음 편한 투자의 출발이 될 수 있음을 기억하세요.

1. RA테스트베드에 최종 통과했는지 확인하기

RA테스트베드는 지난 2016년 정부 기구인 금융위원회가 로보어드바이저 자문 일임 서비스를 승인하면서 이를 투명하게 검증할 수 있도록 설립된 기구입니다. 현재 한국 증권시장의 주가지수 산출을 포함한 전산업무를 책임지는 코스콤에서 운용하고 있습니다.

여기서는 각 로보어드바이저 회사들의 알고리즘이 ①시스템이 안정적이고 해킹 방지 체계가 갖춰져 있는지 ②다양한 투자 성향을 분석하고 이에 맞는 맞춤형 포트폴리오를 제공할 수 있는지 ③투자 알고리즘이 합리적이고 테스트 결과를 신뢰할 수 있는지를 포함한 엄격한 잣대로 로보어드바이저를 심사합니다.

또한 각 회사들의 알고리즘에 따라 실제 자금으로 운용된 운용 성과까지도 공시하고 있습니다. 코스콤에서 확인받지 못한 로보어드바이저는 '로보어드바이저 테스트베드 통과'라는 문구를 사용할 수 없습니다. 따라서 선택하려는 로보어드바이저가 이를 통과했는지 꼭 살펴보기 바랍니다.

로보어드바이저 테스트베드 센터(https://www.ratestbed.kr)에 접속하면 현재 운용 중인 로보어드바이저 알고리즘의 운용 기간 및 성과를 직접 확인할 수 있습니다.

● 로보어드바이저 테스트베드 센터 홈페이지

2. 공신력 있는 기관을 통해 검증을 받았는지 확인하기

생명보험사들의 변액보험이나 증권사의 랩어카운트*와 같이 고객 자금을 전문적으로 관리하는 기관은 해당 자금을 운용할 자산운용사를 선정할 때 매우 신중하고 정교한 관점에서 꼼꼼히 비교하고 선택합니다. 따라서 서비스 이용을 고려하는 로보어드바이저 서비스가 개인 투자자뿐 아니라 공신력 있는 기관의 고유 자금도 운용하고 있는 곳인지를 꼭 확인해야 합니다. 기관에서 자금을 맡긴 곳이라면 깐깐한 기준을 통과했다는 뜻이기 때문입니다.

---

* 'Wrap(포장하다)'과 'Account(계좌)'의 합성어. 여러 가지 자산운용서비스를 하나로 묶어서 고객의 기호에 따라 제공하는 개인별 자산종합관리 계좌를 말한다.

풍족한 노후를 보내고 싶은 개발자
- 아직 20대인데, 지금부터 연금에 가입해야 할까요?

흠흠

- **나이 & 직업:** 만 25세, 이커머스 회사 개발팀 2년 차 사원
- **연봉 & 월급:** 5000만 원(세전), 월평균 실수령액 약 340만 원
- **주거 형태:** 본가 거주

흠흠 님의 현재 자산 구성

- **예적금:** 적금 1200만 원, 예금 1000만 원, 비상금 150만 원
- **투자:** 국내 주식 약 1200만 원, 해외주식 약 500만 원

흠흠 님의 돈 관리 방법

- **목표:** 적당히 안정적인 돈 불리기
- **자산:** 월급이 들어오면, 적금 등 은행에 돈을 저축하는 방식으로 정직하게 모으고 있어요(적금 월 50만 원, 주택청약 월 10만 원).
- **투자:** 주식투자를 하지만 수익률이 소소해서 거의 저축으로 돈을 불려 나가는 중이에요(주식 월 100만 원).
- **현금:** 쓸 돈은 빼두고 남은 돈은 카카오뱅크에 넣어두고 있어요(생활비 월 80만 원, 현금 월 100만 원씩 카카오뱅크에 저장).

🗒️ 흠흠 님의 포트폴리오 고민

- 제 포트폴리오의 저축과 투자 비율이 적절한 상태일까요?
- 노후대비를 따로 하고 있지 않은데요. 지금부터라도 연금저축펀드를 시작해야 하지 않을까 고민입니다.
- 월급이 들어오면 매달 100만 원 정도를 통장에 모으고 있습니다. 이 돈을 투자하는 데 사용하는 게 좋을까요?

💲 쿼터백의 포트폴리오 솔루션

알뜰한 소비와 미래를 위한 저축과 투자에도 열심이신 흠흠 님의 현재 포트폴리오부터 한번 살펴볼게요.

· 흠흠 님의 금융자산 포트폴리오 ·

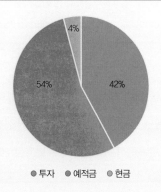

● 투자　● 예적금　● 현금

흠흠 님의 금융자산은 주식에 42%, 적금 및 현금에 58%가 배분되어 있어요. 비교적 안정적 자산 위주의 포트폴리오입니다. '적당히 안정적인 돈 불리기' 라는 흠흠 님의 목적을 고려한다면, 이미 자산 배치는 흠흠 님의 위험 선호를 적절하게 반영한 것으로 보여요.

· 흠흠 님의 월간 저축 및 투자 계획 ·

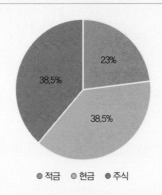

● 적금 ● 현금 ● 주식

흠흠 님의 월간 저축과 투자 계획을 보면, 공격적 자산인 주식에 38.5%를, 안정적 자산인 적금에 23.1%, 현금에 38.5%를 배치하고 있어요. 지금처럼 유지한다면 시간이 갈수록 안전자산 60%, 위험자산 40%의 구조가 될 것으로 보입니다.

흠흠 님은 젊은 나이에 안정적인 수입으로 자산을 쌓아나가고 계시는데요. '젊을수록 공격적 자산(위험자산) 비중을 높게 유지하라'는 것이 쿼터백이 강조하는 내용입니다. 앞서 말했듯 연평균 수익률에 따라 장기적으로 자산 규모의 차이는 벌어지게 돼요. 자산 형성 초기에는 다소 위험 부담을 갖더라도 적극적으로 투자하고, 어느 정도 자산이 형성된 40~50대에는 안전한 포트폴리오로 수정하는 것이 복리 효과를 극대화하는 데 큰 도움이 됩니다.

현재 공격적 자산 40%, 안정적 자산 60% 비중을 공격적 자산 60~70%, 안정적 자산 30~40%로 수정해보세요. 공격적 자산 60% 비중이 크다고 느껴진다면, 86쪽 아랑 님의 사례에서 소개한 국민연금의 포트폴리오를 참고해보아도 좋겠어요.

이때, 현재 저축액의 20%를 바로 투자금으로 전환할 필요는 없습니다. 현재 월 주식 100만 원, 적금 및 현금 160만 원의 배분을 앞으로 월 주식 200만 원, 적금 60만 원으로 변경하면 투자 원금만으로 16개월 후에는 공격적 자산 60%, 안정적 자산 40% 비중으로 조정이 될 거예요.

이렇게 계획적으로 자산 비중을 조절할 때, 점진적으로 접근하는 방법은 꽤 유용하게 사용됩니다.

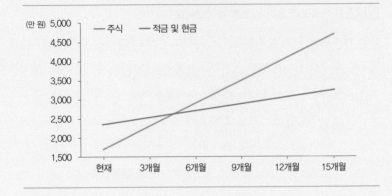

Before 국내 주식에 주로 투자하고 있어요

After 투자 기회를 분산하세요

공격적 자산 비중을 늘리기로 결정했다면, 주식을 다시 분산해보세요. 현재 흠흠 님의 주식 포트폴리오는 국내 주식 중심으로 구성되어 있어요.

· 흠흠 님의 주식 포트폴리오 ·

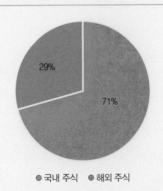

그리고 아래 표처럼 전 세계 국가들의 증시는 경기 국면, 각국 기업들의 혁신 역량 및 성장성에 따라 수익률에서 차이가 나타납니다.

・ 2020~2021년 국가별 지수 수익률 ・

국가별 대표 지수	수익률(2020)	국가별 대표 지수	수익률(2021)
한국 코스피	30.8	베트남 VN	35.7
미국 S&P 200	16.3	프랑스 CAC 40	28.9
일본 Nikkei 225	16.0	미국 S&P 200	26.9
인도 Nifty 50	14.9	인도 Nifty 50	24.1
베트남 VN	14.9	이탈리아 FTSE MIB	23.0
중국 상해종합	13.9	독일 DAX	15.8
독일 DAX	3.5	영국 FTSE 100	14.3
호주 S&P/ASX 200	−1.5	호주 S&P/ASX 200	13.0
이탈리아 FTSE MIB	−5.4	일본 Nikkei 225	4.9
프랑스 CAC 40	−7.1	중국 상해종합	4.8
영국 FTSE 100	−14.3	한국 코스피	3.6

국내 주식은 2020년에 큰 폭의 상승세를 기록했지만 2021년부터는 상대적 부진을 보이고 있습니다. 계속 국내 주식 중심의 포트폴리오를 유지한다면 다양한 투자 기회를 놓칠 수도 있어요.

흠흠 님은 미국 지수 ETF인 SPY(S&P 500)과 QQQ(나스닥)에 적립식으로 투자하고 계시니, 현재 국내 주식에서 미국과 기타 지역의 지수 혹은 테마로 투자비중을 추가 배분하실 것을 추천합니다. 미국 등 해외 주식에 50~70%, 국내 주식에 30~50%를 배분하는 방식이죠. 투자대상과 비중을 일일이 고르기 어렵다면, 해외주식형 펀드 또는 투자일임 서비스 등의 도움을 받는 것도 좋아요.

Before **연금저축펀드에 가입해야 할까요?**

After **연금계좌, 소중한 절세 기회입니다**

연금계좌*는 노후 자금 형성을 독려하는 것이 가장 큰 목적이지만, 투자자들에게 큰 절세 효과도 주고 있습니다. 연간 근로소득 5500만 원 이하 근로자는 400만 원 한도로 16.5%, 연소득 5500만 원 이상 근로자는 13.2%의 세액공제 혜택이 있거든요.

흠흠 님이 매년 400만 원을 연금계좌에 납입할 경우, 연말 정산에서 66만 원(400만 원×16.5%)의 세금을 절약할 수 있습니다. 세금 절약을 위해 연금계좌를 활용하고 싶다면, 갑자기 인출할 부담이 없는 범위 이내에서 세액 공제 한도 400만 원은 매년 연금계좌에 넣어두세요.

연금계좌 중에서도 연금저축신탁(은행), 연금저축보험(보험사), 연금저축펀드(증권사)는 '연금저축계좌'라고 불립니다. 원금을 지키는 목적이 크다면 신탁과 보험을, 적극적인 운용을 원한다면 연금저축펀드를 선택하는 것이 좋습니다. 연금저축계좌를 개설하고 입금한 후에는 다양한 로보어드바이저를 통해 편리하게 자산을 관리받는 방법도 있으니 참고해보세요.

---

* 연금계좌에는 연금저축펀드, 연금저축신탁, 연금저축보험, IRP(개인형퇴직연금계좌) 등이 포함된다. 참고로 연금저축신탁은 2022년 4월 기준 기존 계좌 유지만 가능하며, 신규 가입이 불가하다.

주식과 코인으로 돈을 잃은 제조업 종사자

- 손실이 큰 포트폴리오, 버티는 게 답일까요?

앵구

- **나이 & 직업:** 만 25세, 제조업 4년 차 대리
- **연봉 & 월급:** 3800만 원(세전), 월평균 실수령액 약 240만 원
- **주거 형태:** 월세

🔍 앵구 님의 현재 자산 구성

- **예·적금:** 예금 620만 원, 주택청약종합저축 470만 원
- **투자:** 국내 주식 약 950만 원(삼성전자우, 삼성공조, HMM) → −26.2%

  해외주식 약 300만 원(코카콜라, 애플, 에어비앤비) → +7.44%(최근 애플과 에어

  비앤비 매도)

  암호화폐 약 920만 원(엠블) → −44%

- **부채:** 중소기업 취업청년 전세대출 1억 원

🛒 앵구 님의 돈 관리 방법

- **목표:** 1억 원 모으기 → 내 집 마련 → 경제적 자유
- **지출:** 월급이 들어오면 고정비와 적금을 이체하고 남는 돈으로 생활해요.
- **투자:** 주식과 코인에 투자했지만 시드머니 대부분이 고점에 물려 있어서

손실이 큰 상황이에요.

📋 앵구 님의 포트폴리오 고민

• 고점에 물려 있는 주식과 코인을 어떻게 해야 할지 고민입니다.

💰 쿼터백의 포트폴리오 솔루션

먼저 앵구 님의 현재 포트폴리오부터 살펴볼게요.

• 앵구 님의 금융자산 포트폴리오 •

● 예적금   ● 주식   ● 암호화폐

앵구 님의 금융자산은 주식과 암호화폐 66%, 예적금 34%로 배분되어 있어요. 위험자산과 안전자산에 2:1로 들어가 있네요. 돈 관련 1차 목표가 '1억 원 모으기'인데, 아직 젊은 나이이기 때문에 위험자산의 비중을 높게 설정하는 전략은 나쁘지 않습니다.

각 자산의 누적 투자 기간을 정확히 알 수 없어서 앵구 님의 자산별 성과를 자산군별 대표 지수(상품)의 최근 1년 수익률과 비교해 봤습니다.

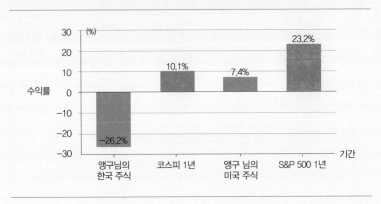

· 앵구 님의 투자 수익률과 대표 지수 비교 ·

출처: 블룸버그

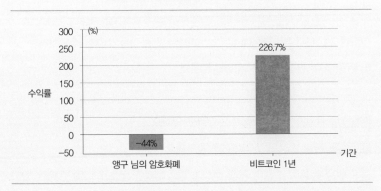

· 앵구 님의 암호화폐 투자 수익률 비교 ·

출처: 업비트

Before 직접 종목을 골라서 투자하고 있어요

After 전문가의 도움을 받아 간접투자를 병행해보세요

앵구 님은 주식 및 암호화폐에 100% 직접투자를 하고 있으시네요. 개별종목을 스스로 직접 발굴하거나 주위의 추천을 받아서 '종목별 비중'과 '매수 및 매도 단가'를 전부 다 직접 결정하는 방식이죠.

앞에서 '모든 투자자들은 내 금융자산의 감독이다'라고 했었는데요. 투자를 시작하기로 결심했을 때, 감독으로서 아래 두 가지를 결정해야 한다는 점을 꼭 기억해야 해요.

1. 종목 선택보다 '자산별 비중'을 우선적으로 결정합니다.
2. 각 포지션에 '어떤 상품을 배치할 것인지' 결정합니다.

위 두 가지를 깜박하고 모든 자산을 직접 결정하고 매매하다 보면, 들인 시간과 노력에 비해 부진한 투자 성과를 낼 때가 많아요. 지금처럼 지수별 ETF나 시장의 대표 종목에 투자한 것보다 낮은 성과를 낼 수도 있습니다. 내 투자 성과를 '온전히 나의 결정에 맡기는 것'보다 '전문가들의 결정에 분산하는 것'이 안전할 수 있다는 점을 참고해 두세요.

Before 손실난 종목을 장기 보유하고 있어요

After 손실 회피의 함정에서 탈출하세요

앵구 님은 손실이 발생한 국내 주식과 암호화폐를 앞으로 어떻게 해야 할지 걱정이 많으실 거예요. 특히 암호화폐의 경우, −44%의 큰 손실이 나고 있

는 만큼 '원금이 회복될 때까지 기다려볼까?'라는 생각도 드실 것 같습니다. 2002년 노벨경제학을 수상한 대니얼 카너먼Daniel Kahneman은 인간의 '손실 회피 성향'에 대해 언급한 적이 있어요. 인간은 불확실한 이익보다는 확실한 손해를 더 크게 체감한다는 게 핵심 내용이죠.

그래서 손실을 확정 짓는 것을 극도로 싫어하고, 회피하기 위해 기다리는 경향이 있는데 대니얼 카너먼에 따르면 이는 비합리적 선택입니다. 이러한 손실 회피 성향을 극복하려면, 아래 두 가지를 꼭 기억하세요!

1. 종목이나 자산의 개별 누적 수익률을 따지기보다 '나의 총 금융자산'이 6개월, 12개월 전보다 어떻게 변했는지 집계합니다.
2. 각 자산 내에서 종목을 분산해 특정 종목의 하락이 나의 총자산 가치에 미치는 영향을 줄여보세요.

포트폴리오가 하나의 자산에 집중될수록 투자 위험은 커집니다. 높은 기대 수익률에는 반드시 큰 리스크가 따른다는 진리를 잊어서는 안 됩니다. 또 손실이 났던 자산이 원금 수준으로 회복될 때까지 기다리는 것보다 손실이 난 자산을 주기적으로 정리하고 다른 자산에 투자하는 것이 더 나은 선택인 경우도 많습니다.

수익률이 낮아 고민인 물류업 종사자
- 안정성과 수익률, 두 마리 토끼를 잡을 수는 없나요?

배일꾼

- **나이 & 직업:** 만 28세, 2년 차 물류업 사원
- **연봉 & 월급:** 2900만 원(세전), 월평균 실수령액 220만 원
- **주거 형태:** 본가 거주

🔍 배일꾼 님의 현재 자산 구성

- **예·적금:** 3800만 원(입출금통장), 400만 원(주택청약)
- **투자:** 국내 주식 3500만 원(삼성전자우, 맥쿼리인프라 등 배당주), 해외주식 5500만 원(S&P 500, 나스닥 등 ETF 1200만 원, 올웨더 포트폴리오 4300만 원)
- **연금:** 연금저축 1200만 원, IRP 250만 원, ISA 1600만 원

🧺 배일꾼 님의 돈 관리 방법

- **월급 관리:** 월급에서 생활비 약 40~50만 원, 주택청약 10만 원을 제외하곤 모두 투자하고 있습니다.
- **지출 관리:** 출근은 도보로 하고, 점심은 도시락으로 해결해 생활비가 많이 들지 않아요. 집순이인 데다 부모님 집에 거주하기 때문에 월급 대부분을 투자하는 데 쓰고 있습니다.

- **자산 불리기:**
  - 예금과 입출금통장에 넣어둔 현금이 약 3800만 원인데요. 만기가 도래한 예금을 재예치하지 않고 입출금통장에 넣어두고 ETF를 적립식으로 매수하고 있습니다.
    - **IRP:** 매달 15만 원 적립(S&P 500 TR 70%, TRF3070 ETF 30%)
    - **지수추종:** S&P 500 & 나스닥 ETF를 ISA, 해외주식 계좌에서 매수
    - **테마형 투자:** 2차전지 ETF, 차이나전기차 ETF, 필라델피아 반도체 ETF, FANG플러스 ETF 등
    - **경기방어형 투자:** XLU, XLP ETF   • **기타:** 리츠(국내, 해외)
  - IRP를 제외하고는 월 투자 금액을 정해놓지 않았습니다. 되도록 지수추종 ETF를 매수하고 있습니다. 경기방어형 ETF는 음봉인 날, 테마형 투자 ETF는 고점대비 10% 이상 하락한 날에 매수하고 있어요.
  - 리츠는 매달 약 20~30만 원씩 매수했는데 금리 인상기를 앞두고 추가 매수를 고민하고 있습니다.

배일꾼 님의 포트폴리오 고민

- **포트폴리오에서 현금과 채권 보유 비중이 너무 높은가요?** 투자에 대한 막연한 두려움이 있었던 터라 예적금만으로 1억 원을 모았습니다. 투자 공부를 시작하고 이 돈을 어떻게 안전하게 굴릴 수 있을까 고민이 많았는데, 이때쯤 올웨더 포트폴리오를 알게 됐어요. 올웨더 포트폴리오로 1억 원이란 돈을 안전하게 굴릴 수 있었지만, 시드머니에 비해 수익률이 너무 낮은 것 같습니다. 전체 자산 중에서 현금과 채권 비중은 어느 정도로 설정해야

하는지 궁금합니다.

- **미국 주식에 투자가 집중된 걸까요?** 월급과 목돈의 대부분을 미국 주식 ETF에 투자하고 있는데, 제 포트폴리오가 자산배분이 적절하게 반영된 상 태인가요?

쿼터백의 포트폴리오 솔루션

배일꾼 님이야말로 자산배분 투자의 모범 답안 같은 분이라고 생각합니다. 조금만 다듬으면 완벽한 포트폴리오가 만들어질 거예요. 일단 배일꾼 님의 현재 금융자산 포트폴리오부터 살펴볼게요.

· 배일꾼 님의 금융자산 포트폴리오 ·

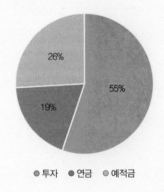

● 투자 ● 연금 ● 예적금

배일꾼 님의 금융자산은 일반 투자와 연금이 약 74%, 예적금이 26%로 구성되어 있어요. '공격적 자산배분'의 기준으로 널리 사용되는 '위험자산 70+안전자산 30'의 비율과 유사합니다.

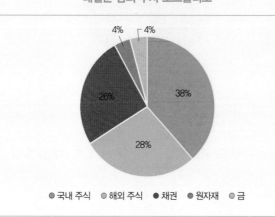

· 배일꾼 님의 투자 포트폴리오 ·

연금을 제외한 일반 투자 포트폴리오에서는 위험자산(주식+원자재)에 70%, 채권과 금에 30%가 배분되어 있어요.

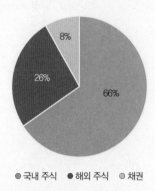

● 국내 주식 ● 해외 주식 ● 채권

연금 포트폴리오에서도 위험자산 70+안전자산 30의 배분을 잊지 않고 적용하셨네요. 연금저축+IRP+ISA의 필수 3박자까지 적극적으로 활용하고 있고요.

Before **수익률이 낮아요**

After **자산배분 전략은 맑은 날에도, 궂은날에도 작동하는 전략이에요**

'올웨더 포트폴리오'는 주식과 채권, 금 및 원자재를 일정 비중으로 유지(정적 자산배분)하는 자산배분 방법론입니다. 투자 대가 중의 한 명인 레이 달리오에 의해 유명해졌어요. 올웨더 포트폴리오를 포함한 많은 자산배분 전략은 적어도 3년 이상의 장기적 관점에서 안정적으로 자산가치가 우상향하도록 만들기에 적합한 방법입니다.

그런데 자산배분 포트폴리오 내에서 '채권'에 대해 의구심을 갖는 분들이 많아요. 특히 증시 상승세가 지속될 때에는 '저 채권이 다 주식이었다면……'이라는 아쉬움이 들기 마련이죠. 그런데 2008년 금융위기나 2020년 코로나 쇼크처럼 자산가치가 급락하는 상황이 닥칠 때, 주식으로만 구성된 포트폴리오의 투자 손실은 매우 커집니다. 하지만 올웨더 포트폴리오는 훌륭하게 방어해냈어요. 다시 말해, 수익 기여가 일시적으로 낮아 보이더라도 채권과 같은 안전자산이 내 투자자산의 안전벨트 혹은 에어백 역할을 한다는 거죠.

더욱 적극적인 투자 수익을 원한다면 현재 70:30으로 구성된 배일꾼 님의 자산배분을 80:20, 혹은 90:10으로 수정할 수 있습니다. 다만 커지는 위험자산(주식, 원자재, 파생상품 등) 비중은 상승장에서는 더 높은 수익을, 하락장에서는 더 큰 손실을 발생시키는 양날의 검이라는 사실을 잊으시면 안 돼요.

투자 국면에 따라 위험자산 비중을 조절하는 동적자산배분 방식으로 투자하여 기대 수익률을 높이는 방법도 있어요. 다양한 경기 지표와 기업 이익, 심리 지표 등을 고려하는 동적자산배분은 로보어드바이저 자산관리 서비스를 이용하면 편리합니다.

Before ▶ 미국과 지수추종에 집중된 투자를 하고 있어요
After ▶ 미국과 지수에 투자하는 것은 가장 검증된 방법이에요

시가총액과 유통주식 비율을 고려해 전 세계의 주식시장을 하나의 지수로 만든 MSCI ACWI가 있습니다. 글로벌 기관 투자자들이 이 지수를 참고해서 전 세계 주식으로 비중을 배분하는데요. 전 세계 주식 중 미국 주식의 비중은 60.8%로 압도적인 1위를 차지해요.

배일꾼 님의 주식 총자산(국내 주식+미국 주식+연금 내 주식) 중 미국 주식 비중

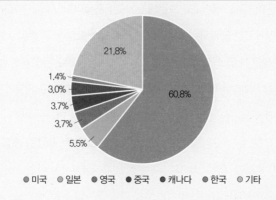

• 전 세계 주가지수 국가별 비중 •

● 미국 ● 일본 ● 영국 ● 중국 ● 캐나다 ● 한국 ● 기타

출처: 블랙록

은 56%를 차지하니까, 이미 전 세계에 투자하는 펀드매니저 혹은 연기금처럼 자산을 배분하고 있는 거예요.

지수 중심으로 투자하면서 뭔가 '심심하다'라는 느낌을 받으실 수도 있어요. '어떤 사람은 두 배, 세 배 오르는 주식으로 돈을 벌었다더라'라는 얘기를 들으면, '나는 왜 지수에만 투자하고 있을까'라는 생각이 들기도 하고요. 그럴 때일수록 투자 대가들의 조언에 귀를 기울이는 걸 추천해 드려요. 가장 위대한 투자자 중 한 명인 워런 버핏은 2021년 버크셔 해서웨이Berkshire Hathaway의 연례 주주총회에서 다음과 같이 역설한 바 있습니다.

"S&P 500 인덱스 펀드에 아주 오랜 기간 동안 투자할 것을 추천합니다(I recommend the S&P 500 index fund and have for a long, long time to people). 저는

보통의 사람들이 주식을 잘 고를 수 있다고 생각하지 않습니다(I do not think the average person can pick stocks)."

그는 또한 아이들에게 자신의 유산 중 90%를 S&P 500에, 나머지 10%를 만기 1년 이내의 미국 국채에 투자하라고 조언했다고 합니다. 워런 버핏에 따르면, 1989년 전 세계 시가총액 상위 20위에 있던 일본 기업들과 엑손모빌Exxon Mobil, GE, 머크Merck, IBM과 같은 회사 중 단 한 회사도 상위 20위를 유지하지 못했습니다. 이렇게 빠르게 변화하는 세상을 감지하고 그때마다 종목을 골라서 투자하는 건 무척 어려운 일이죠. 그 어려움을 감안하면 '지수 중심'으로 투자하는 건 간편하고도 훌륭한 투자 방법이라고 할 수 있습니다.

헷갈리는 투자 상식, 전문가가 답하다

: 왕초보가 가장 많이 하는 질문 Top 12

자꾸 투자를 실패해요,
어떻게 해야 할까요?

누구나 특정 자산, 혹은 특정 종목에 투자할 때 싸게 사서[Buy Low], 비싸게 팔기를[Sell High] 희망합니다. 하지만 실제로는 가격이 많이 오르면 그때 사고[Buy High], 가격이 하락한 이후에 파는[Sell Low] 비합리적인 투자가 반복되는 경우를 주변에서 많이 볼 수 있습니다.

○●● 비싸게 사서 싸게 파는 이유

이러한 현상은 심리적인 측면에서 이해할 수 있습니다. 강세장이 펼쳐지고 있을 때 포모^{FOMO} 증후군*과 같이 혼자서만 돈을 벌지 못하고 '세상 흐름에 뒤처진 거 아닌가?' 하며 불안해 하다가 가격이 이미 오른 뒤에야 쫓기듯 투자에 동참하는 경우가 자주 발생하기 때문입니다.

· 반복되는 비이성적 투자 패턴 ·

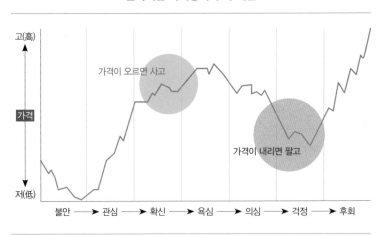

* Fear of Missing Out, 자산의 상승 흐름을 놓치거나 소외되는 것에 대한 공포

반대로 약세장에서는 일종의 비자발적인 장기투자 형태로 투자했던 자산을 끝까지 보유하며 버티다가 의심과 걱정이 극대화되었을 때 견디지 못하고 손실을 확정하면서 본인의 투자를 후회하는 경우가 많습니다. 이와 같은 패턴은 결국 투자 실패로 끝나는 경우가 많기 때문에 반드시 유의해야 합니다.

그렇다면 이와 같은 투자 실패를 최대한 피하고 합리적인 대응을 하기 위한 자산배분 기술에는 무엇이 있을까요? 단지 자산배분에만 국한되지 않는, 투자대상이 어떤 것이든 적용할 수 있는 기초원리가 필요한데 그것은 바로 현재의 손익보다는 향후 자산의 방향, 혹은 예상되는 시장 흐름에 주목하여 의사결정하는 것입니다. 물론 향후 시장의 모습을 예측하거나, 자산이 어떤 방향으로 움직일지 미리 예측하는 것은 매우 어려운 영역입니다. 그렇지만 최소한 객관적으로 현재 본인이 투자하고 있는 자산과 관련하여 다음과 같은 내용을 확인하면 좋습니다.

투자자산을 고를 때 확인해야 하는 3가지

1. 추가적인 상승 여력(투자 매력도)이 얼마나 남아 있는지 파악합니다.

2. 투자와 관련된 위험 요인은 어떤 것들이 있는지 살펴봅니다.

3. 기대할 수 있는 성과에 비해 위험이 더 큰 것은 아닌지 고민해봅니다.

이와 같이 내가 투자하려는 자산이 어떤 가격 흐름을 보여 왔는지, 그리고 아직 상승 여력이 있을지, 위험 요인은 무엇인지, 그 밖에 외부적인 변수로는 어떤 것이 있을지 등 종합적인 내용들을 점검하고 이에 기초하여 의사 결정을 하도록 하는 훈련이 투자 실패를 줄이기 위한 지름길이 될 것입니다.

단순히 현재 내 계좌에 손익이 플러스이기 때문에 급하게 이익을 실현한다거나, 마이너스이기 때문에 무조건 플러스를 기록할 때까지 보유하겠다는 접근은 투자 실패로 가는 길이 될 수 있다는 점을 명심해야 합니다.

• 손익이 아니라 자산의 방향과 향후 장세를 주목하라 •

손익 여부	향후 자산 방향·장세 예측	투자의사 결정
+	⬆	보유
	⬇	매도
−	⬆	보유
	⬇	매도

합리적 대응

향후 자산 방향·장세 예측	보유	매도
⬆	O	
⬇		O

비합리적 투자

손익	보유	매도
+		O
−	O	

한국에서 최고의 투자처는 부동산 아닌가요?

 기성세대는 물론 젊은 세대에 이르기까지 '최고의 투자 대상이 뭐라고 생각하시나요?'라고 물으면 대부분 부동 산이라고 앞다투어 이야기합니다. 한국 투자자들에게 부동산이 란 과거 고도의 경제 성장기를 통과하는 가운데 가장 대표적이고 매력적인 투자처 중 하나였으며, 현재도 목돈을 거머쥘 수 있는 기회를 제공하는 몇 안되는 자산으로 여겨지는 경우가 많습니다.

﹒﹒﹒ 부동산 vs. 주식, 그 결과는?

그러나 이와 같은 현상이 계속될 수 있을까요? 그리고 과연 부동산은 우리가 현재 알고 있는 것과 같이 '불패 신화'를 대변하는 투자자산이었을까요? 정답부터 말하자면 ①부동산이 현재까지 좋은 투자 수단 중 하나였음을 부정할 수 없지만 ②최고의 투자처라고 보기는 어려우며 ③앞으로도 부동산만을 만능 투자처로

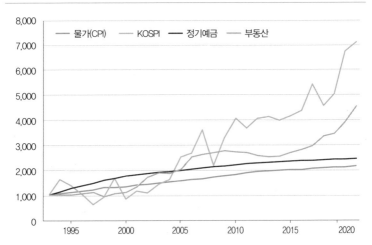

﹒ 지난 27년간 부동산에만 투자했다면? ﹒

(1993~2021)

· 1993년 1월 각 자산의 기준가를 1000원으로 설정
· 주식(배당 포함한 재투자 가정), 부동산(서울 아파트 가격 기준), 정기예금(단리 기준)

출처: 블룸버그, KB부동산

여기고 투자하는 것은 신중해야 한다고 이야기할 수 있겠습니다.

그래프는 지난 1993년 1월 이후 현재까지 부동산(비교 편의상 서울 아파트 가격을 기준으로 계산)과 함께 주식, 정기예금에 투자했다고 가정하여 비교한 결과입니다. 1993년 이후 한국의 물가는 약 2.2배 상승했는데, 만약 그때부터 예금에 가입했다면 현재 원금의 2.6배를 거둘 수 있었고, 만약 투자대상이 부동산이었다면 무려 원금의 3.5배에 달하는 수익을 거두었을 것입니다. 결국 부동산 투자는 같은 기간 예금 등의 수익률과 물가 상승률에 비교했을 때 꽤 효과적인 투자였으며, 성공적인 선택이었던 것으로 분석할 수 있습니다.

그런데 만약 같은 기간 주식에 투자하며 매수 후 보유했다면 어떻게 됐을까요? 이 경우 무려 원금의 5.1배에 달하는 성과를 올릴 수 있었습니다. 바꿔 이야기하면 결국 위험자산으로서의 투자로 봤을 때 부동산보다 주식이 우월했다는 뜻입니다.

그러나 그림에서 알 수 있듯이 각 자산들의 변동성은 상당히 다르며, 특히 주식의 변동성은 매우 컸습니다. 그렇기 때문에 실제 이 기간 동안 주식을 보유한 상태로 현재에 이르기까지 오랜 시간을 견디며 끝까지 보유할 수 있는 사람은 많지 않았을 것입니다.

그런데 그래프를 살펴보면 부동산 역시 같은 기간 동안 비교적 큰 폭으로 가격이 출렁였던 것을 알 수 있습니다. 이는 부동산에 투자할 때 대부분 빚을 지고 투자한다는 점과 관계가 있습니다. 시장이 우상향하는 상황이 아닐 때 솟구치는 금리에서 발생하는 이자 부담을 견딜 수 있을까요? 만약 우리 예상과 다르게 오랜 기간 동안 부동산 가격이 오르지 않거나 오히려 떨어진다면 어떻게 될까요? 게다가 부동산 버블은 언제든지 갑작스럽게 꺼질 수 있으며, 정책 변수가 강화되는 등의 불확실성은 언제든지 높아질 수 있습니다. 이 경우 과연 기회비용을 버리며 평정심을 가지고 투자를 유지할 수 있을까요?

결국 거주 목적이 아닌 투자를 위한 선택이었다면 부동산은 주식 대비 투자 매력도가 낮을 수밖에 없으며, 정책 위험이나 유동성 위험(즉각적인 현금화가 어려울 수 있는 위험) 등을 고려할 경우 투자대상으로서의 매력도는 더 줄어듭니다. 특히나 자료에서는 서울의 아파트만을 고려했기에 서울을 벗어난 지역으로 확대할 경우 매력도는 더욱 낮아질 수 있습니다.

즉, 과거 부동산 투자의 성공 사례만 보고 모든 투자자산을 부동산에 집중하는 재테크를 하다가는 자칫 실패로 이어질 가능성이 있습니다. 그러니 부동산도 하나의 재테크 수단으로 인식하고 분산투자의 대상으로 삼는 것을 추천합니다. 굳이 수많은 정책 리스크, 세금 불확실성, 대출이자 부담에서 오는 정신적인 고통을 감수하면서 부동산 투자에만 집중할 필요는 없습니다.

개인의 보금자리 마련을 위한 기초적인 부동산 재테크는 필요합니다. 그렇지만 본인이 가용 가능한 모든 자산을 부동산에 '영끌, 올인'하는 투자 행태는 적절하지 않습니다. 만약 투자 목적만으로 부동산 투자를 한다면 소액으로 부동산에 투자할 수 있는 신탁 상품인 부동산 리츠나 관련 ETF 등 다양한 대안 투자도 하나의 선택지가 될 수 있습니다.

달러 투자,
꼭 해야 하나요?

 "해외에 나갈 일도 없는데, 굳이 달러에 투자해야 할 필
요가 있을까요?" 해외주식에 직접 투자하는 사람들이
기존에 비해 크게 늘어나긴 했지만 여전히 많은 사람이 이와 같
은 내용을 궁금해합니다. 달러 투자의 장점은 여러 가지가 있지
만, 가장 큰 장점은 모든 자산을 한국 원화로 보유하고 있는 국내
투자자들에게 달러가 매우 강력한 안전자산이 될 수 있다는 점입
니다.

◦●● 원화 가치가 하락할 때
빛을 발하는 달러 투자

　한국 경제는 수출입에 대한 의존도가 높아 글로벌 경기 상황에 민감한 구조를 지니고 있습니다. 따라서 한국 경제를 둘러싼 우려가 커지면 외국인들의 자금 이탈 등으로 달러 대비 원화의 가치가 하락하는 특징이 있습니다.

　실제로 1998년 IMF 당시 사례를 살펴보겠습니다. 당시 1달러당 원화의 환율은 900원에서 2000원 수준으로 단기간에 급상승했습니다. 이 말은 만약 내가 기존에 1달러를 원화로 환전했다면 900원을 받을 수 있었지만 IMF 당시에는 2000원까지 받을 수 있었다는 의미입니다. 즉, 달러가 원화 대비 급격한 강세를 보였다고 표현할 수 있으며, 또 다른 표현으로는 원화의 가치가 달러 대비 급격히 약해졌다고 할 수 있습니다.

　그런데 경제 위기 상황에서의 환율로 인한 수혜는 모든 나라, 모든 투자자에게 허락되는 것은 아닙니다. 만약 일본에 거주하는 투자자가 글로벌 경제 위기 상황에서 일본 엔화를 달러로 바꿔 투자하는 경우 어떤 결과가 예상될까요? 전 세계적으로 불확실성이 높아지며 소위 '안전자산 선호' 현상이 확대되는 경우, 일본 엔화는 달러와 함께 대표적인 안전자산으로 분류되며 강세를 기록하는 특징이 있습니다. 실제로 지난 2008년 금융위기 동안 일본 엔화는 달러 대비 지속적으로 강세를 보이며 같은 기간 크게 약세를 보였던 원화와 비교할 때 대조적인 모습을 보였던 바 있습니다. 결국 엔화를 달러로 바꿔 투자한 투자자가 있었다면 환율 측면에서도 기대했던 효과를 누리지 못한 채 오히려 손실(환차손)을 봤을 수 있다는 해석이 가능합니다.

• 달러 대비 원화와 엔화의 환율 •

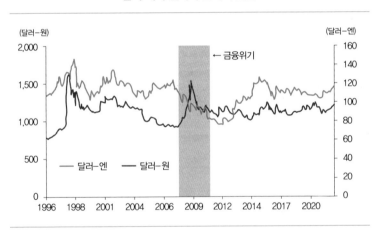

출처: 블룸버그

그렇다면 만약 2008년 금융위기 당시 우리가 원화를 달러로 환전한 뒤 미국 주식에 투자했다면 어떤 효과가 있었을까요? 비록 미국의 주식시장이 큰 폭으로 하락하며 보유했던 종목에서 손실이 발생했을 수도 있었겠지만, 달러 강세로 인한 환차익으로 손실의 대부분이 상쇄되었을 것입니다. 그러나 같은 시기에 달러 환전 없이 원화로 국내 주식에만 투자하고 있었다면 원화 대비 달러의 가치 상승으로 인한 환차익을 누릴 수 없기 때문에 투자 손실을 상쇄하기 어려웠을 것입니다. 이와 같이 달러에 직접 투자거나, 달러로 환전된 자산에 투자하는 전략은 유사시 위험을 줄여줄 수 있는 훌륭한 위험 관리의 수단입니다.

　달러 투자의 다른 중요한 장점 중 하나는 바로 세제 혜택입니다. 달러로 환전한 뒤 직접 미국 주식 등 해외 주식에 투자할 경우 벌어들인 이익에 대해서는 일정 금액 이상이 되면 세금이 발생할 수 있습니다(양도소득 250만 원까지 비과세, 250만 원 초과 발생분에 대해 22% 과세). 그러나 원화를 달러로 환전한 후 시간이 지남에 따라 발생하는 환율 차이로 인한 차익에는 세금이 부과되지 않습니다. 2023년부터 소액 주주, 즉 일반 투자자를 대상으로도 국내 주식 양도소득세가 부과될 가능성이 있다는 점을 고려할 때, 앞으로 달러 투자의 장점은 더욱 부각될 것으로 예상됩니다.

○●● 달러 투자, 어떻게 해야 할까?

그렇다면 달러를 활용한 투자는 어떻게 하는 것이 좋을까요? 우선 자금의 성격을 고려하여 투자해야 합니다. 단기적인 환율의 흐름을 예측한다는 것은 불가능에 가까운 영역입니다. 1996년 이후 달러·원 환율의 연 변동성은 약 14% 수준으로 미국 S&P 500 지수가 기록했던 15%와 유사한 수준입니다. 즉, 바꿔 이야기하면 원화를 통해 달러에 투자할 경우 마치 미국 주식시장에 투자했을 경우와 비슷하게 높은 변동성을 감내해야 한다는 의미입니다. 이처럼 환율은 변동성이 높고 다양한 외부 변수에 따라 출렁일 수 있기 때문에 단기간 투자하고 회수해야 하는 자금의 경우 달러를 활용한 투자에 적합하지 않습니다. 달러 투자는 충분히 장기간 투자가 가능한 자금을 활용해야 합니다.

다음으로 과거 통계치를 활용하여 나에게 적합한 달러 대비 원화 수준을 정하여 투자하는 것이 좋습니다. 예를 들어 지난 2010년 이후 1달러당 원화는 약 1130원이었습니다. 한편 같은 기간 글로벌 경제 위기 등 환율이 급등하는 구간에서 1달러당 원화는 통계적으로 1224원 수준을 기록했습니다(상위 95.45% 구간 기준). 만약 이를 그대로 투자에 활용한다면 과거 평균치인 1130원 이하 수준에서는 꾸준히 달러를 매입하고, 달러당 원화가 1220원 이상 도달하는 경우 달러를 매도하여 환차익을 실현하는 전략이 가능합니다. 이처럼 몇 가지 통계 수치와 함께 매매를 위한 나만의 조건을 설정하면 손쉽게 달러에 투자할 수 있습니다.

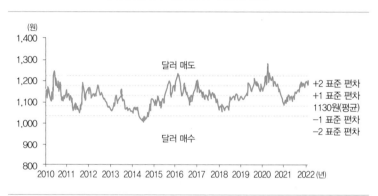

• 과거 통계에 따른 달러 투자의 예시 •

위와 같이 매매 시점을 고민하거나 때에 따라 매수와 매도를 반복하는 것이 꺼려진다면 달러를 통해 미국자산에 지속적으로 투자해도 됩니다. 달러 대비 원화가 강세를 기록하는 구간에서는 일반적으로 글로벌 경기가 호조를 보이며 미국 주식시장도 상승할 가능성이 높고, 글로벌 금융위기와 같은 국면에서는 주식시장이 하락하더라도 안전자산인 달러가 강세를 기록하며 어느 정도 위험 관리가 가능하기 때문입니다.

실제로 2004년 이후 한국 코스피와 미국 S&P 500에 함께 투자했다면 어땠을지 시뮬레이션을 통해 그 효과를 확인해 보겠습니다. 이때 환율 효과를 반영한 결과와 반영하지 않은 결과로 구분하여 총 세 가지 경우의 투자 시나리오를 살펴보겠습니다.

미국 S&P 500 지수는 동 기간 총 425.9% 상승하였으며, 2008년 금융위기 당시 최대 손실 폭이 51%, 연 변동성은 14.6%에 달했습니다. 반면 코스피의 경우 같은 기간 누적 수익률도 미국에 비해 크게 낮은 294%에 불과했지만 최대 손실 폭은 S&P 500 지수와 유사했고, 심지어 변동성은 18%를 상회하며 더욱 높았던 점을 확인할 수 있습니다.

그렇다면 원화를 달러로 환전해서 미국 주식에 투자한 시나리오의 경우 결과가 어땠을까요? 이 경우 원화로 환산된 미국 S&P 500의 누적 성과는 514.5%로 세 가지 시나리오 중 가장 높았으며, 무엇보다 최대 손실 폭이 21.7% 수준으로 제한되는 한편 변동성 수치도 가장 낮았다는 사실을 알 수 있습니다.

• 환율을 고려할 때의 투자 수익률 시뮬레이션 •

범례: — 코스피   — 미국 S&P 500(달러 환율 반영)   — 미국 S&P 500

	누적 이익	최대 손실 폭	연간 변동성
코스피	295.4%	−47.0%	18.3%
미국 S&P 500 (달러 환율 반영)	514.5%	−21.7%	12.9%
미국 S&P 500	425.9%	−50.9%	14.6%

전 재산을 모두 달러로만 투자할 수도 없으며, 달러 투자 역시 분명 투자에 따른 위험이 존재합니다. 그러나 장기적으로 미국 주식을 비롯한 해외투자를 계속 이어갈 예정이라면 적극적인 달러 투자를 통해 위험을 분산하고, 효율적인 포트폴리오를 만들어 보는 것이 어떨까요?

해외 펀드를 통해 투자할 때는 직접투자할 때와 같은 종목에 투자하더라도 발생하는 세금이 다르다는 점은 알고 있어야 합니다. 직접투자 시에는 앞에서 알아본 바와 같이 양도소득금액의 250만 원까지 비과세되며, 이를 초과하는 부분에 대해서는 22% 분류과세로 납부의무가 종료됩니다.

그러나 해외 펀드를 통해 간접투자할 경우 세율은 15.4%이 적용되지만, 이후 해당 소득이 종합 소득과세에도 포함됩니다. 즉, 근로소득을 비롯한 다른 소득과 함께 종합적인 소득으로 더해지며 추가적으로 납세 부담이 커질 수 있습니다.

수익을 가장 많이 낼 수 있는
방법이 뭔가요?

투자를 막 시작한 사람들은 물론이고 이미 다양한 투자를 통해 수차례 성공과 실패를 경험한 대부분의 투자자도 항상 궁금해하는 질문 중 하나가 '어떻게 해야 수익을 많이 낼 수 있을까? 뾰족한 수가 없을까?'라는 것입니다.

위험을 감수하고 투자했을 경우 그에 상응하는 수익을 기대하는 것은 당연합니다. 그 수익이 극대화될수록 성공적인 투자라고 평가하죠. 그러나 세상에는 너무도 많은 투자 방법이 존재할 뿐 아니라, 개인마다 희망하거나 기대하는 적정한 수익률 수준이 다르고, 본인이 감당할 수 있는 원금 손실에 대한 기준 또한 모두 다르기 때문에 '이것이 수익을 가장 많이 낼 수 있는 최적의 투자 방법이다'라고 단정지어 이야기하기는 어렵습니다.

○●● 투자의 핵심은 '어떻게 하면 잃지 않을 수 있을까'

투자란 단기에 반짝하는 수익을 거두기 위한 짧은 과정이라기보다 마라톤과 같이 긴 여정에 가깝습니다. 따라서 어떻게 해야 수익을 많이 낼 수 있을까에 집착하기보다는 어떻게 해야 '잃지 않고 안정적으로 부를 축적해 나갈 수 있을까?'에 주목해야 합니다. 짧은 기간에 높은 수익률을 냈다고 해도 바로 그다음 투자로 마이너스 손실이 난다면 수익이 났던 금액은 아무 의미 없어지기 때문입니다.

꼭 당부하고 싶은 이야기는 투자에서 '수익률'이라는 한쪽 면만 바라보지 말자는 것입니다. 전 세계적으로 유명한 투자 전문가인 워런 버핏이 남긴 유명한 투자 원칙에서 가장 강조했던 부분도 '절대로 돈을 잃지 말 것'이라는 점이었죠. 수익도 중요하지

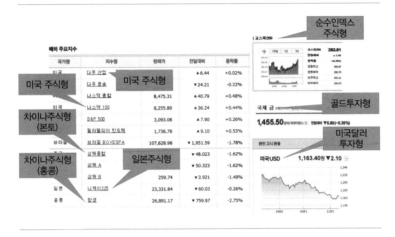

출처: 네이버 금융

만 장기적으로는 잃지 않고 위험을 관리하는 것이 투자 성공의 결정적인 요소라는 점을 강조한 것입니다.

높은 수익률을 기록했다는 주변의 성공 사례나 투자 방법을 듣게 되면 '나도 했어야 했나, 지금이라도 투자해 볼까?' 하는 마음이 생길 수 있습니다. 그렇지만 높은 수익률을 얻을 수 있는 투자란 그만큼 높은 위험이, 즉 반대로 큰 손실을 볼 수 있는 가능성이 함께 존재한다는 점을 반드시 명심해야 합니다.

○●● 나는 어느 정도의 손실을 감당할 수 있나?

여러분은 투자를 했을 때 어느 정도의 성과를 거두면 많이 벌었다고 느끼나요? 물론 높은 수익률을 거둘수록 좋겠지만, 어느 정도의 성과에 만족하는지에 대한 기준은 개인별로 모두 다를 것입니다. 이번에는 반대 질문을 하겠습니다. 투자 후 어느 정도까지의 손실을 감내할 수 있나요? 투자했던 자금이 100% 손실을 기록한 뒤 한 푼도 회수하지 못해도 상관없나요? 아니면 단 1원도 손해를 보면 안 된다는 마음인가요? 혹시 1원도 잃고 싶지는 않지만, 수익률은 높게 기대하고 있지는 않은가요?

투자를 할 때는 이와 같이 내가 어떤 위험 성향을 가지고 있는 투자자인지, 내가 감당할 수 있는 손실은 얼마고 내가 기대하는 수익률은 어느 정도인지 등 본인의 투자 성향을 정확하게 이해하고 수용 가능한 범위 내에서 합리적인 투자를 하는 것이 가장 중요합니다. 그리고 '많이'보다는 '꾸준히', 단기간 성과에 집중하기보다는 원금을 잃지 않는 가운데 장기적인 시각에서 부를 축적해가는 것이 훨씬 나은 결과를 만듭니다.

'다들 재테크를 잘하고 있는 것 같은데 나만 뒤처지고 있는 것 같다', '투자는 한 방이니까 공격적으로 벌어야겠다. 찔끔찔끔 벌어서 언제 큰 돈을 버나?'와 같은 불안감 혹은 잘못된 오해에서 벗어나 건강한 투자를 해야 합니다. 주변의 성공 사례에 흔들려 본인에게 맞지 않는 옷을 입은 것처럼 위험한 투자에 급하게 뛰어든다거나, 한 번도 투자해보지 않았던 자산에 큰돈을 넣고 베팅하듯 큰 수익을 기대하기에는 투자 세계가 그렇게 호락호락하지 않습니다.

항상 나의 선택이 틀릴 수 있다는 겸손한 자세를 유지하는 가운데, 나의 투자 성향을 이해하고 스스로 감당할 수 있는 위험만 취해서 합리적인 수준의 수익을 기대하기 바랍니다. 물론 여기까지 이 책을 읽은 분들이라면 충분한 인내심과 집중력을 지니고 있으실 테니 잘하실 것이라고 믿습니다. 이 격언을 꼭 기억하세요. 천천히, 그리고 꾸준히 하는 사람이 결국은 이깁니다(Slow and steady wins the race).

주식은 사놓고 묵혀두는 게
제일 좋지 않나요?

바이 앤 홀드Buy & Hold 전략은 특정 종목을 매수한 뒤 다음 행동을 취하지 않은 채 계속 보유하는 전략입니다. 최근에는 주식에 투자했다가 몇 년이 지난 후 계좌를 확인했는데 몇 배로 불어 있었다는 등의 이야기가 들리며 복리 효과 때문에 바이 앤 홀드가 아주 좋은 전략이라는 평가가 종종 들리죠.

그런데 바이 앤 홀드는 정말로 좋은 전략일까요? 장기투자는 성공적인 투자를 위해 몇 번을 강조해도 지나치지 않을 만한 좋은 전략이지만, 반드시 매수 후 장기간 보유하는 방식으로 장기

투자를 할 필요는 없습니다. 오히려 매수 후 무조건 바이 앤 홀드 전략을 고수하는 것은 자칫 투자 실패로 이어질 수도 있다는 점에서 주의가 필요합니다.

○●● 무조건적인 '묵혀두기 전략'의 위험성

이해를 돕기 위해 사례를 하나 들어보겠습니다. 만약 우리가 2010년부터 재테크를 위해 미국 주식(편의상 S&P 500 지수 활용)에 투자했다면 10여 년이 지난 현재 어떤 성과를 거두고 있을까요? 이와 같이 투자할 경우 실제 성과를 확인해 보면 연환산 기준 15.14%(연 배당수익 2.29% 포함)의 비교적 높은 수익률을 기록했던 것을 알 수 있습니다. 해당 기간 동안 미국 증시가 강세장이었음을 감안할 때 충분히 수긍이 가는 수준의 성과죠.

그러나 금융시장을 구성하고 있는 주요 자산들의 가격은 금융 환경 변화에 따라 항상 상승과 하락을 반복하며, 언제든 현재의 투자 국면이 종료되고 새로운 국면으로 바뀔 수 있습니다.

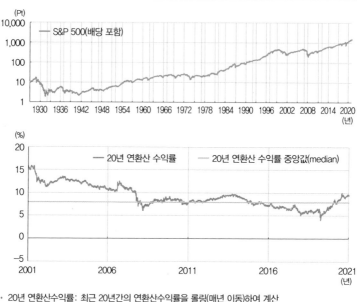

• 미국 S&P 500 지수의 연환산 수익률 •

(1927.12~2021.12)

(Pt)
10,000

—— S&P 500(배당 포함)

1,000

100

10

1

1930 1936 1942 1948 1954 1960 1966 1972 1978 1984 1990 1996 2002 2008 2014 2020
(년)

(%)
20

—— 20년 연환산 수익률   —— 20년 연환산 수익률 중앙값(median)

15

10

5

0

-5

2001   2006   2011   2016   2021
(년)

• 20년 연환산수익률: 최근 20년간의 연환산수익률을 롤링(매년 이동)하여 계산

출처: 블룸버그

위 그래프를 통해 확인해 볼까요? 1927년 이후 배당을 포함한
미국 S&P 500 지수가 지속적으로 우상향(위쪽 그래프)한 것으로
보이지만, 실제 연간으로 환산한 수익률의 궤적(아래쪽 그래프)은
상승과 하락을 반복하고 있습니다.

특히 연환산 수익률의 경우 과거 2000년 15.6% 수준에서 현재

9.5% 수준까지 절반 정도 크게 하락한 점이 두드러집니다. 현재 우리가 겪고 있는 저성장, 저금리 기조가 장기화될 수 있다는 점을 고려할 때 향후 기대할 수 있는 연간 수익률 수준은 더욱 낮아질 수도 있습니다.

· 코스피지수의 연환산 수익률 ·

(1980.12~2021.12)

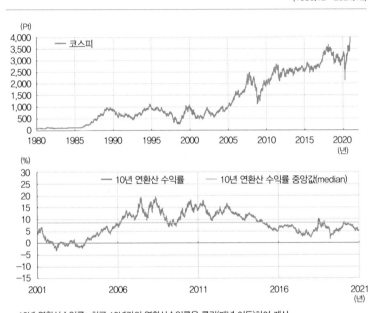

· 10년 연환산수익률: 최근 10년간의 연환산수익률을 롤링(매년 이동)하여 계산

출처: 블룸버그

미국이 아닌 다른 나라로 분석하면 다른 결과를 얻을 수 있었을까요? 한국의 대표 주가지수인 코스피를 살펴보겠습니다. 코스피지수 역시 1980년 이후 여러 번의 하락 구간이 발생했음에도 불구하고 장기적으로는 수익률이 우상향(위쪽 그래프)하고 있습니다. 그러나 10년으로 연환산시킨 수익률을 나타내는 아래쪽 그래프를 살펴보면 2000년 이후 발생했던 상승 흐름이 2007~2008년 고점을 형성한 뒤 점차 하락했다는 점을 확인할 수 있습니다. 즉, 미국이 아닌 한국 등 다른 국가의 주식에 투자했다고 해도 결국 결과는 크게 다르지 않았을 것입니다.

20년 전 세계를 이끌던 산업이나 종목 중 지금까지 그 위세를 떨치고 있는 것들이 있을까요? 다음 표는 지난 20년 전 미국의 시가총액 상위 10개 종목과 현재의 시가총액 상위 10개 종목을 비교한 자료입니다. 마이크로소프트 등 일부 기업을 제외하면 상위 기업의 이름과 순위는 크게 달라졌습니다.

시가총액 순위	종목명(2001)	종목명(2021)
1	IBM	UNITEDHEALTH GROUP
2	3M	HOME DEPOT
3	P&G	GOLDMAN SACHS GROUP
4	MICROSOFT	MICROSOFT
5	RAYTHEON TECHNOLOGIES	MCDONALD'S
6	JOHNSON & JOHNSON	SALESFORCE
7	MERCK	AMGEN
8	WALMART	VISA
9	CATERPILLAR	HONEYWELL
10	HOME DEPOT	CATERPILLAR

출처: 블룸버그

이처럼 금융환경 및 시장 트렌드 변화에 따라 각 산업 내 강자와 약자는 꾸준히 바뀌며, 우리가 익히 알고 있다고 생각하거나 기대하고 있는 자산들의 추세와 성격 또한 시간이 흐르며 달라질 수 있습니다. 결국 이는 장기투자를 목적으로 무조건 매수 후 보유하는 바이 앤 홀드 전략은 자칫 시대 흐름에 뒤떨어지거나, 변화가 필요한 시점에서 적절한 대응을 하지 못함으로써 투자 실패로 이어질 수 있다는 점을 시사합니다.

○•• 작은 변화가 불러오는 투자의 나비효과

만약 단순히 바이 앤 홀드 전략을 유지하는 것이 아니라, 투자 기간 중 '작은 변화'를 주었다면 결과가 어떻게 달라질 수 있을까요? 이해를 돕기 위해 다양한 전략 중 널리 알려진 '장기 이동평균선 전략(여기서는 200일 이동평균* 활용)'을 적용해 보도록 하겠습니다. 장기 이동평균선 전략이란 현재 주가가 과거 200일 이동평균 가격과 비교할 경우 높은지, 낮은지에 따라 주식에 대한 투자 전략을 변경하는 것입니다. 현재 주가가 200일 이동평균선보다 높은 경우에는 계속해서 100% 주식에 투자하고, 현재 가격이 이동평균선을 하회할 경우 50%의 비중에 해당하는 주식을 처분하여 현금으로 보유하는 전략을 실행했다고 가정하겠습니다. 이 경우 결과가 어떻게 될까요?

같은 기간 장기 이동평균선 전략을 실시할 경우 연환산 수익률은 바이 앤 홀드 전략(15.14%)보다 높은 18.33%를 기록하며 약 3.2% 수준 개선된 것으로 확인됩니다. 물론 연간 약 3.2% 정도 개선된 수익률이 매우 우수한 결과임에도 수치적으로 뚜렷한 효

---

* 추세의 변동을 알 수 있도록 동일한 구간으로 옮겨가면서 구하는 평균

분류	바이 앤 홀드	장기 이동평균선
누적 수익률	442.9	653.6
연환산 수익률	15.14%	18.33%
연환산 변동성	17.18%	13.53%
샤프비율	0.88	1.35
최대 낙폭	-33.79%	-17.88%

• 바이 앤 홀드 전략은 1999년 12월 말 매수한 이후 2021년 12월 말까지 보유하였을 경우를 가정(배당 포함). 장기 이동평균선 전략은 200일 이동평균선 상회시 100% 주식 보유, 하회시 50% 주식 매도 후 현금 보유를 가정하였음(매매 수수료 등 비용 제외)

출처: 블룸버그

과가 잘 느껴지지 않는다면 총 누적 수익률을 통해 격차를 알아보겠습니다. 표를 보면 해당 기간 동안 두 전략의 누적 수익률은 각각 442.9%와 653.6%로 무려 211%에 가까운 차이가 발생했다는 사실을 확인할 수 있습니다.

• 코스피 바이 앤 홀드 vs. 장기 이동평균선 전략 •

(1999.12~2021.12)

분류	바이 앤 홀드	장기 이동평균선
누적 수익률	116.8	223.6
연환산 수익률	6.66%	10.28%
연환산 변동성	16.23%	11.86%
샤프비율	0.41	0.87
최대 낙폭	−41.39%	−22.59%

• 바이 앤 홀드 전략은 1999년 12월 말 매수한 이후 2021년 12월 말까지 보유하였을 경우를 가정(배당 포함), 장기 이동평균선 전략은 200일 이동평균선 상회시 100% 주식 보유, 하회시 50% 주식 매도 후 현금 보유를 가정하였음(매매 수수료 등 비용 제외)

출처: 블룸버그

만약 같은 방식으로 미국이 아닌 코스피에 투자하면 어떤 결과를 얻을 수 있을까요? 이 경우 장기 이동평균선 전략 실시 결과는 10.28%를 기록하며 바이 앤 홀드 전략(6.66%)과 비교 시 연간 약 3.6% 수준 수익률이 개선되는 효과가 있었습니다. 누적 수익률 역시 바이 앤 홀드 전략(116.8%) 대비 약 2배 높은 223.6%을 기록하며 매우 큰 폭의 차이가 발생했습니다.

또한 여기서 두 전략의 차이가 연환산 수익률 및 누적 수익률 등 수익률 측면뿐 아니라 변동성과 최대 낙폭에서도 확연하게 나타났다는 점도 주목해야 합니다. 단순한 전략임에도 이를 적용했을 경우 바이 앤 홀드 전략에 비해 연간 변동성이 큰 폭으로 낮아졌으며, 위험 구간에서의 최대 낙폭도 경우에 따라 절반 수준으로 크게 축소되며 위험관리 면에서도 훨씬 효율적이었습니다.

○●● 방치는 장기투자가 아니다

주변을 둘러보면 수많은 투자자들이 장기투자를 잘못된 개념으로 오해하고 있는 모습을 볼 수 있습니다. 특히 어떤 종목이든 매수 후 꾸준히 보유하면 반드시 좋은 결과로 보상받을 것이라는 근거 없는 믿음에 빠져 있는 경우가 많습니다.

그러나 실제 급변하고 있는 투자 세계는 바이 앤 홀드라는 단순한 전략을 뛰어넘어 투자자들에게 꾸준한 위험 관리와 전술적인 매매, 적절한 시점에서 포트폴리오를 변경하는 리밸런싱 등 자산관리 능력을 끊임없이 요구하고 있습니다.

열심히 일해서 번 소중한 돈을 투자하는 데 필요한 충분한 노력을 기울이고 있습니까? 단순히 투자 후 '주식은 우상향할 것이니 시간이 지나면 어느 순간 수익이 나 있겠지'라는 맹목적인 믿음을 가지고 있지는 않습니까? 아니면 방치되어 있는 본인의 자산을 장기투자라고 생각하며 스스로와 타협하고 있지는 않습니까?

꾸준한 노력과 학습이 큰 차이를 만들어낼 수 있음을 이해하고 더욱 효율적인 투자를 위해 끊임없이 고민하는 투자자가 되어야 합니다.

패시브, 액티브 전략 중
어떤 것이 더 좋은가요?

펀드 등 상품에 가입할 때나, 본인이 직접 투자를 하려고 할 때 가장 고민되는 부분 중 하나가 큰 수익을 위해 '액티브'한 투자를 선택할 것인지 혹은 보수적으로 '패시브'한 투자를 선택할 것인지가 아닐까 싶습니다.

최근에는 액티브 전략이 패시브 전략에 비해 무조건 우월한 성과를 보장하지 않는다는 사실이 알려지고 있음에도 불구하고 여전히 대다수의 투자자들은 시장 전체지수를 추종하는 방식과 같은 패시브한 전략(예 지수 ETF 등)보다 액티브하게 종목을 매매하는 형태의 전략이 더욱 뛰어난 성과를 발휘할 것이라는 기대를 하고 있습니다. 또한 언제 어디서든 적극적으로 정보를 탐색하거나 종목을 발굴하여 시장 수익률을 뛰어넘는 초과수익을 달성할 수 있다는 믿음을 가진 투자자도 많이 있습니다. 그렇다면 여기서 말하는 액티브와 패시브는 각각 어떤 의미이며, 무슨 차이가 있을까요?

○●● 액티브 전략과 패시브 전략의 차이점

· 패시브 전략 vs. 액티브 전략 ·

구분	패시브 전략	액티브 전략
목표	시장 평균 수익률	시장 평균 수익률 + α
전략	패시브 종목 매수 후 장기 보유	종목 발굴, 타이밍 매매 실시
성과 요인	시장 상황	시장 상황 + 개인 역량
수익률 편차	상품 간 편차 적음	상품 간 편차 큼
회전율	비교적 낮음(평균 10% 미만)	비교적 높음(평균 100% 이상)
수수료·보수	낮음	높음

지수 위주의 투자 방식

종목 위주의 투자 방식

'수동적'이라는 뜻을 지니고 있는 패시브 투자는 특정 시장지수를 추종하는 지수 위주의 투자방식입니다. 종목을 발굴하여 발빠르게 매매하거나 펀드매니저의 역량에 의존하기보다는, 해당 지수의 성과 자체에 영향을 받습니다.

반면 '적극적'이라는 뜻을 포함하고 있는 액티브 투자의 경우 비교가 되는 시장지수를 상회하는 성과를 달성하기 위해 종목의 발굴, 종목별 비중 구성, 매매 시점 등을 다변화하고 펀드매니저의 역량에 따라 수익률이 달라지는 것이 일반적입니다.

◦•• 액티브 전략 vs. 패시브 전략, 승자는?

전 세계적으로 가장 유명한 투자 대가 워런 버핏이 과거 2007년 뉴욕 헤지펀드 운용사인 프로테제 파트너스^{Protege Partners}와 10년에 걸쳐 '인덱스 펀드*와 헤지펀드** 성과 중 어느 쪽이 뛰어날 것인가'에 대해 내기를 해 이슈가 된 적이 있습니다. 10년이 지난

---

* 선정된 목표지수와 최대한 유사한 수익을 달성할 수 있도록 해당 지수를 추종하는 펀드. 즉, 시장을 구성하고 있는 특정 종목 등에 투자하여 수익을 추구하기보다 시장 자체에 투자하려는 목적은 지닌 상품이다.

2017년에 확인한 결과 내기는 큰 폭의 차이로 버핏의 승리로 끝났습니다. 이 사건은 패시브 투자의 막강한 효과를 널리 알리는 계기가 되었죠.

그렇다면 내기의 결과처럼 패시브 전략이 액티브 전략에 비해 항상 우월한 것일까요? 그리고 액티브 전략은 전략으로서의 의미가 없는 것일까요? 아닙니다. 시장 환경 및 투자 여건 등에 따라 어떤 전략이 더욱 유리할 것인지는 바뀔 수 있습니다. 만약 비효율성이 크거나 정보의 비대칭성이 큰 시장 환경이라면 지속적으로 시장지수에 비해 우월한 초과수익을 거듭할 수 있는 액티브 전략이 더 나은 결과를 거둘 수 있습니다.

다만 기본적으로 액티브 전략은 패시브 전략에 비해 상대적으로 잦은 매매를 실시하기 때문에 매매 비용 부담이 높은 편입니다. 또한 액티브 성격의 펀드 등에 투자하는 경우 해당 금융상품도 ETF 등 패시브 수단에 비해 상대적으로 높은 보수와 수수료가 부과되는 것이 일반적이기에 비용이 더 많이 투입될 가능성이

** 주식, 채권, 파생상품, 실물자산 등 다양한 상품에 투자하여 적극적인 성과를 추구하는 펀드이며, 불특정한 다수의 투자자를 모집하여 투자하기보다는 대규모 자금을 보유한 소수 투자자들을 모집하여 운용되는 형태가 일반적이다. 사용하는 전략에 따라 다양한 형태의 펀드가 존재하며, 다른 종류의 상품들과 비교할 경우 보다 투기적인 성격이 강해 리스크가 높은 것으로 알려져 있다.

높습니다. 이와 같은 요소는 장기적으로는 결국 초과수익 달성에 장애물이 될 수 있죠.

액티브와 패시브 전략은 분명 각각의 투자철학과 장단점이 존재하는 투자 방법입니다. 현재 경기 국면, 시장 상황, 자산별 특성, 투자 시기, 방식 등에 따라 둘 중 어느 것이 더욱 유용한지는 매번 달라질 수 있습니다. 그렇기 때문에 항상 특정한 전략만을 고집하기보다는 상황에 따라 두 전략을 적절하게 활용하는 것이 투자 성공의 지름길이 될 수 있습니다.

한국, 미국 중
어디에 얼만큼 투자할까요?

　　주식에 투자하겠다고 결정했다면, 그다음으로 중요한
일은 무엇일까요? 다양한 주식 중 과연 어느 지역 또는
어느 시장, 어떤 종목에 투자할 것인지 결정하는 것입니다. 이러
한 고민을 해결하기 위해 전 세계 주식시장이 어떻게 구성되어
있는지 살펴보겠습니다.

　한국 주식시장을 대표하는 지수가 코스피이듯, 전 세계 주식시
장을 대표하는 주가지수는 MSCI ACWI^{MSCI All Country World Index}입니
다. 해당 지수에는 23개의 선진국과 함께 25개의 신흥국이 포함

되어 있어 전 세계 주식시장을 대부분 포함하고 있다고 볼 수 있습니다.

○●● 세계 주가지수에서 우리나라가 차지하는 비중

그렇다면 전 세계 주가지수에서 가장 비중이 큰 국가는 어디일까요? 역시 가장 비중이 큰 국가는 미국으로 전체 지수에서 약 60.8%의 비중을 차지하고 있습니다. 반면 중국, 한국, 대만, 인도 등이 포함된 신흥국 시장이 차지하는 비중은 다 합쳐서 전체의 약

· 전 세계 주가지수 국가별 비중 ·

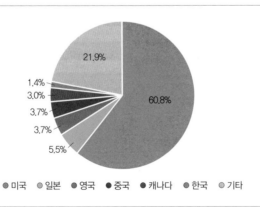

● 미국 ● 일본 ● 영국 ● 중국 ● 캐나다 ● 한국 ● 기타

12%에 불과합니다. 이 중에서도 특히 한국이 단독으로 차지하는 비중은 약 1.4% 수준으로 전 세계 안에서는 상당히 미미합니다.

한국이 전 세계 주가지수에서 차지하는 비중이 낮다는 뜻은 바꿔 이야기하면 그만큼 한국을 벗어난 해외 시장에서의 투자 기회가 많다는 뜻이죠. 해외투자는 하고 싶은데, 어느 국가에 투자를 해야 할지 고민이 될 수도 있습니다. 이때는 전 세계에서 비중이 가장 큰 미국 시장에 투자하는 편이 안정성이 높고, 또한 특정 국가를 선별해서 투자하기보다는 여러 국가로 구성된 지수에 투자하는 것이 효율적인 방법이 될 수 있습니다. 실제 한국 및 미

• 미국 달러 지수 vs. 신흥국, 선진국 지수 추이 •

출처: 블룸버그

국 시장에서 MSCI 선진국과 함께 MSCI 신흥국 지수를 추종하는 ETF를 거래할 수 있으며, 이를 통해 여러 국가에 분산투자가 가능합니다.

○●● 경기 국면에 따라 다른 흐름을 보이는 선진국과 신흥국

선진국과 신흥국 중 어디에 투자할지 고민이 될 때는 글로벌 경제 국면에 따라 두 지역이 서로 다른 흐름을 보인다는 점을 이해하면 도움이 됩니다. 예를 들어 지난 1996년 이후 선진국 증시 대비 신흥국 증시의 성과는 미국의 달러 지수에 민감한 움직임을 보여 왔습니다. 1990년 후반 한국의 IMF 위기는 미국의 중앙은행인 FED(연방준비제도)의 금리 인상으로 인한 달러 강세가 문제의 시발점이었습니다. 달러 강세는 한국을 포함한 신흥국 국가들 다수의 외환 위기로 이어지며 신흥국 증시의 급락으로 이어졌습니다.

반면 신흥국이 선진국보다 상대적으로 좋았던 구간은 언제일까요? 그래프에서 볼 수 있듯이 2002년부터 2007년까지 지속된 달러 약세는 원자재 가격 상승과 더불어 신흥국 경기의 호재로

작용했습니다. 신흥국의 높은 성장에 힘입어 신흥국 지수 또한 동기간 선진국 대비 지속적인 강세를 보였죠.

이처럼 경기 국면에 따라 신흥국과 선진국을 알맞게 선택하여 투자하는 전략은 포트폴리오 수익률에 크게 기여할 수 있습니다. 하지만 이와 같은 투자 방법은 경기 국면에 대한 종합적인 이해와 판단을 요구하기 때문에 누구나 쉽게 따라 할 수 있는 방법은 아닙니다.

그렇다면 장기적인 투자 관점에서 선진국과 신흥국 주식에 대한 투자 비중은 어떻게 결정하는 것이 좋을까요? 이를 위한 가장 간단한 방법은 전 세계 주식시장 규모에 비례하여 투자하는 것입니다. 즉, MSCI(전 세계 주가지수)를 참고하여 선진국과 신흥국에 각각 투자금의 88%, 12%를 투자하는 것이죠. 또한 이와 같은 분산투자가 번거롭거나 어려운 경우 전 세계 주가지수를 추종하는 ETF인 ACWI US(아이셰어즈 MSCI ACWI ETF)를 통해 쉽게 투자할 수 있습니다.

또 다른 방법은 경제 규모에 따라 투자하는 것입니다. 전 세계 GDP에서 신흥국이 차지하는 비중은 지속적으로 증가하며 2020년 말 기준 약 39%에 달하는 것으로 추정되고 있습니다. 아직 전 세계 주가지수 내 신흥국의 투자 비중이 경제 규모에 따른 비중과

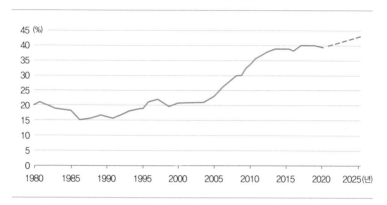

비교적 큰 폭의 차이가 있는데, 향후 경제 규모 비중을 반영하여 지속적으로 신흥국 비중이 높아질 것이라는 가정을 바탕으로 투자하는 전략입니다.

○●● 꼭 다른 나라의 주식에도 투자해야 할까?

그런데 굳이 정보도 구하기 어렵고, 친숙하지도 않은 다른 국가에 꼭 투자해야 할까요? 이를 위해 지난 26년간 선진국과 신흥국 대표지수를 각각 90%, 10%로 결합한 포트폴리오와 60%, 40%으로 결합한 포트폴리오를 오직 코스피에만 100% 투자한 포트폴리오와 비교해 보도록 하겠습니다.

결과는 어땠을까요? 분명 구간별로 성과 차이가 존재했지만, 결과적으로 선진국과 신흥국 지수에 분산투자했을 경우 코스피에만 투자하는 경우에 비해 훨씬 높은 수익률을 거둘 수 있었습니다. 변동성 또한 코스피가 기록한 약 27% 대비 훨씬 낮았죠. 과거의 성과가 반드시 미래의 성과를 보장하지는 않지만, 국내시장에만 머물지 않고 전 세계 선진국과 신흥국에 분산투자하는 편이 훨씬 장점이 많습니다.

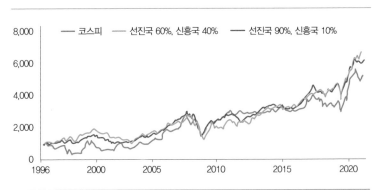

• 코스피 vs. 60/40 포트폴리오 vs. 90/10 포트폴리오 •

구분	누적 수익률	변동성
코스피	419%	27.2%
선진국 60%, 신흥국40%	527%	17.2%
선진국 90%, 신흥국10%	573%	15.6%

신흥국에서는 안전자산 선호로 인해 달러 강세가 발생하면 자금 이탈 및 유동성 위기로 이어질 수 있습니다. 현재 달러로 된 대출을 보유하고 있다고 가정해 보겠습니다. 이때 보유 중인 원화를 달러로 환전하여 대출을 상환해야 하므로 달러의 강세는 곧 나의 채무 증가로 이어질 수 있습니다.

1998년 IMF 당시 기업들의 과도한 부채와 외환 부족으로 국내 많은 기업들이 파산했습니다. 다행히 과거와는 달리 많은 신흥국들이 여분의 달러 자산을 충분히 보유하고 있어, 기존에 비해 상대적으로 기초체력이 튼튼해졌습니다.

경제성장률이 높으면
주식도 오르겠죠?

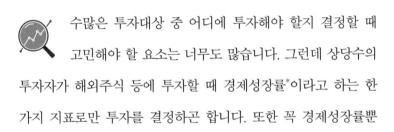

수많은 투자대상 중 어디에 투자해야 할지 결정할 때 고민해야 할 요소는 너무도 많습니다. 그런데 상당수의 투자자가 해외주식 등에 투자할 때 경제성장률*이라고 하는 한 가지 지표로만 투자를 결정하곤 합니다. 또한 꼭 경제성장률뿐

---

* 일정 기간(분기 혹은 연간) 중 한 나라의 경제 규모가 얼마나 커졌는가를 파악하기 위한 지표로 해당 국가의 경제가 이룬 경제성과를 측정하는 중요한 척도. 경제성장률 측정에 활용할 수 있는 지표는 다양하지만 일반적으로 GDP(국내총생산, Gross Domestic Product, 한 나라에서 모든 경제주체가 일정 기간 동안 생산한 재화 및 서비스의 부가가치)를 사용하며, 우리나라 역시 1995년부터 GDP를 중심지표로 경제성장률을 발표하고 있다.

아니라 인구 증가율, 수출, 소비 등 본인이 평소 선호하는 특정 지표 하나에만 의존하여 투자를 결정하는 경우가 많습니다.

이와 같은 결정에 투자자만을 탓할 수는 없습니다. 실제 과거 수많은 금융기관들, 소위 전문가들조차도 앞서 언급되었던 바와 같이 한 가지 대표적인 경제지표가 성공 투자의 열쇠이자 핵심 비법인 것처럼 이야기해 사람들에게 잘못된 인식을 심어준 경우가 많았기 때문입니다. 그렇다면 과연 특정한 지표 하나가 마치 족집게처럼 주식시장의 방향을 맞추는 해법이 될 수 있을까요?

○●● 특정한 지표만 보고 투자할 때 벌어지는 일

다음 그래프는 전 세계, 한국, 중국의 GDP 성장률 추이와 같은 기간 각 국가의 대표 주가지수의 움직임을 보여주고 있습니다. 그래프에 따르면 2021년 기준 4%로 상대적으로 낮은 경제성장률을 기록한 한국의 코스피가 전 세계 주가지수^{MSCI ACWI}, 중국 상해종합지수 대비 상대적으로 높은 수익률을 기록하고 있음을 알 수 있습니다.

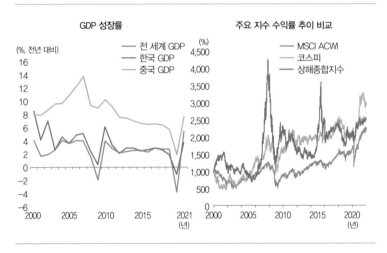

· 주요 지역 및 국가의 GDP와 주가지수 비교 ·

GDP 성장률

(%, 전년 대비)
16
14
12
10
8
6
4
2
0
−2
−4
−6

전 세계 GDP
한국 GDP
중국 GDP

2000 2005 2010 2015 2021
                              (년)

주요 지수 수익률 추이 비교

(%)
4,500
4,000
3,500
3,000
2,500
2,000
1,500
1,000
500
0

MSCI ACWI
코스피
상해종합지수

2000 2005 2010 2015 2020
                              (년)

출처: 블룸버그

반면 바오빠保八*(8% 경제성장률 유지), 바오치保七**(7% 경제성장률

유지) 등 경제성장률 달성 목표 정책을 꾸준히 제시했을 뿐 아니

라 실제 매년 전 세계에서 가장 높은 경제성장률을 기록했던 중

국의 주가 흐름은 어떠했을까요?

* 사회 안정을 위해서는 최소 8% 대 수준의 성장을 지켜야 한다는 관점에서 중국 정부가 지
난 1998년부터 실시한 정책

** 중국이 8%대 성장률에서 7%대 성장률 시대에 들어서며 최소 7% 대 수준의 성장은 지켜
야 한다는 정책목표로 사용된 용어

그래프에서 보이는 것처럼 같은 기간 상해종합지수는 한국 코스피와 비교할 때 수익률 측면에서 크게 저조했습니다. 이러한 비교가 시사하는 점은 명확합니다. 해외주식 등 자산을 투자함에 있어 흔히 사용하는 단일 지표, 단일 전략 등은 그 하나로서는 정확한 정답이 되기 어려울 수 있다는 점입니다. 실제 가격에 영향을 미치고 등락을 견인하는 요소는 매우 복합적이며, 다양한 형태로 영향을 줄 수 있습니다.

이것이 바로 퀀터백이 다양한 데이터와 지표를 분석하며, 더욱 정확한 답을 찾기 위해 노력하는 이유입니다. 더 이상 주변에서 듣는 그럴싸한 소문이나 한두 가지 이유만으로 성급하게 투자를 결정하는 투자자들이 없기를 바랍니다.

자산배분을 해도
손해를 볼 수 있나요?

자산배분이 제공하는 긍정적인 효과 중 대표적인 것이 바로 분산 효과, 즉 위험의 감소입니다. 이를 통해 기대 수익률이 조금 낮아질 수는 있어도 중장기적인 관점에서 위험구간에서 손실을 줄이며 안정적인 성과를 달성해 나가는 것이 자산배분 전략이 지닌 매력이죠. 그런데 자산배분을 실시한다고 모든 상황, 모든 투자 국면에서 마이너스 성과 없이 플러스의 수익률을 기대할 수 있을까요?

○•• 자산배분은 절대 손해가 나지 않는다?

생각보다 많은 투자자가 자산배분에 대해 가지고 있는 대표적
인 오해 중 하나가 '자산배분은 절대 마이너스 성과를 기록하지
않는다'라는 것입니다. 그러나 이와 같은 주장은 자산배분에 대
한 기본적인 이해 부족에서 비롯된다고 볼 수 있습니다.

자산배분은 서로 다른 자산, 다른 지역 및 국가에 투자하기 때
문에 시장 하락이나 경기 침체가 나타날 경우 이로 인한 부정적

• 자산배분 전략을 활용해도 특정 구간에는 손실이 날 수 있다 •

(2016.04.18~2022.04.18)

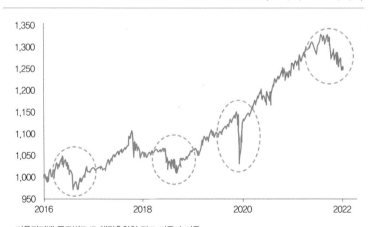

• 키움쿼터백 글로벌EMP 채권혼합형 펀드 기준가 기준

인 여파가 각기 다른 시기와 강도로 각각의 자산군에 영향을 줍니다. 그래서 포트폴리오 전체의 위험을 감소시킬 수는 있지만 이것이 반드시 매 순간 무조건적으로 플러스의 수익을 달성할 수 있다는 의미는 아닙니다.

실제 특정 기간 중 자산배분형 포트폴리오의 수익률을 제시한 앞의 그래프를 참고하면, 해당 포트폴리오 역시 투자 기간 중 약 네 번 정도 큰 폭의 하락을 겪었던 것을 확인할 수 있습니다. 그렇다면 왜 이와 같은 오해가 생기는 것일까요? 다양한 이유가 있겠지만 크게는 다음과 같이 정리해 볼 수 있습니다.

○●● 자산배분 전략의 안정성에 대한 오해

첫째는 자산배분의 성과를 지나치게 단기적인 시각으로 평가하기 때문입니다. 자산배분은 하루하루의 손익 평가만을 중시하는 수익률 게임이나 단기 베팅이 아닙니다. 각 자산군이 보유하고 있는 기본적인 특성에도 불구하고 하루나 일주일 등 단기에는 자산군의 움직임이 같은 방향으로 동행할 수도 있고, 이에 따라 기대했던 분산 효과가 나타나기까지 일정한 시간이 걸릴 수도 있습니다. 따라서 지나치게 짧은 기간 안에서 성과를 확인하는 경우 실제 자산배분이 보유하고 있는 철학과 장점을 놓칠 수 있습니다.

둘째로, 자산 간의 상관관계는 일시적으로 틀어질 수 있기 때문입니다. 시장이 정상적인 상황에서는 각 자산군이 당초 예상했던 상관관계를 보이는 것이 일반적입니다. 그러나 코로나19 사태와 같이 시장이 급격하게 붕괴되거나 공황상태 등이 나타나는 경우 일시적으로 모든 자산 간의 수익률 상관관계가 급격히 높아지며 가격 흐름이 한 방향으로 움직이는 모습이 나타날 수 있습니다.

가장 쉬운 예로 시장이 하락하는 국면에서 자주 발생하는 주식과 채권의 동반 하락을 들 수 있습니다. 이와 같은 구간에서는 주식 하락에서 발생하는 손실을 채권에서 메꿔주지 못하며 충분한 분산 효과가 나타나지 않을 수 있습니다.

주식과 채권이 동시에 하락하는 현상은 다양한 이유에서 비롯될 수 있지만 일반적으로 투자자들이 주식뿐 아니라 채권 등 모든 자산군을 매도하여 현금과 같은 자산으로 피신하는 경우 발생할 수 있습니다. 과거 역사를 살펴보면 이러한 현상은 오래 지나지 않아 사라졌으나, 앞으로도 자산군 간의 관계는 얼마든지 바

뀔 가능성이 존재합니다. 다음 그래프에서 자산 간의 상관관계가
일시적으로 바뀌는 경우가 발생함을 확인할 수 있죠.

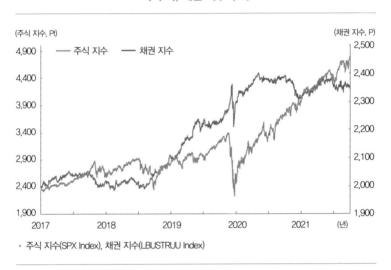

• 미 주식, 채권 지수 추이 •

• 주식 지수(SPX Index), 채권 지수(LBUSTRUU Index)

마지막으로, 자산배분 전략이나 상품의 성격은 제각기 다르기
때문입니다. 즉, 자산배분을 위해 실시하는 전략도 다르고, 어느
정도의 위험자산(예 주식 및 원자재 등)을 투자하도록 허용된 포트
폴리오인가에 따라서도 성과의 추이가 달라질 수 있습니다. 위험
자산에 대한 노출을 많이 허용하는 포트폴리오라면 주식시장의

등락에 따라 성과의 변동이 클 수 있으며, 따라서 상대적으로 위험자산 비중이 낮은 포트폴리오와 비교할 때 시장이 하락하는 구간에서 손실이 날 가능성도 높아집니다.

○●● 자산배분 투자 중에 손실이 났다면?

앞서 살펴본 바와 같이 자산배분 전략도 시장 상황에 따라 부진한 성과를 기록하는 연도가 있을 수 있고, 일시적으로 모든 자산의 상관관계가 높아지면서 기대했던 분산 효과가 작동하지 않을 수도 있습니다. 그리고 비중을 많이 부여한 특정 자산군이 유독 크게 부진할 경우 마이너스 성과를 기록하는 구간이 길어질 수도 있습니다. 그렇기 때문에 자산배분이 언제나 안정적인 수익률을 제공하고, 무조건 손실이 나지 않는 전략이라는 시각은 적절하지 않습니다.

하지만 명심해야 할 점이 있습니다. 시장은 단기적인 관점에서 수없이 하락했지만, 장기적인 관점에서는 꾸준히 성장했다는 점입니다. 따라서 ①자산배분 전략의 위험관리 효과와 복리 효과에 대한 신뢰를 바탕으로 장기적인 관점에서 투자를 유지하고 ②하락 구간을 오히려 투자 적기로 인식하여 추가적인 투자를 고려하는 자세를 지녀야 합니다.

언제나 위기는 반복되어 왔고, 이를 통해 자산별로 기대할 수 있는 성격과 자산별 관계도 지속적으로 변화했습니다. 자산배분 전략이 제공하는 꾸준한 성과와 복리의 힘을 믿고, 변화무쌍한 투자 환경에서 뚝심 있게 대응하길 바랍니다. 한 번의 전투에서는 질 수 있지만, 전쟁에서는 결국 승리하는 것이 자산배분이 추구하는 가치입니다.

Q&A

현금을 보유하는 것도
자산배분인가요?

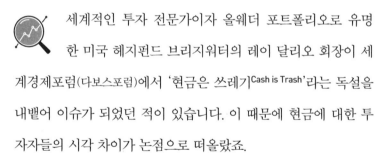

세계적인 투자 전문가이자 올웨더 포트폴리오로 유명한 미국 헤지펀드 브리지워터의 레이 달리오 회장이 세계경제포럼(다보스포럼)에서 '현금은 쓰레기Cash is Trash'라는 독설을 내뱉어 이슈가 되었던 적이 있습니다. 이 때문에 현금에 대한 투자자들의 시각 차이가 논점으로 떠올랐죠.

레이 달리오 회장의 주장은 이렇습니다. ①각국 중앙은행의 무제한적인 자금 공급으로 인해 현금이 다른 투자 수단에 비해 가치가 떨어지고 있다. ②현금은 가치를 창출하지 못하는 반면 보유하고 있는 기회비용이 크다. ③현금에 비해 다른 자산들은 점진적인 물가 상승(리플레이션) 시기에도 가치를 유지하거나 높일 수 있다.

○●● 현금은 정말 쓰레기인가?

유명한 투자 구루Guru(전문가, 권위자)끼리도 현금에 대한 주장이 다를 수 있고 각각의 주장에 대해서도 해석의 차이가 존재할 수 있습니다. 다양한 주장 하나하나 나름대로 깊은 철학과 의미가 있을 것입니다. 그러나 기본적으로 레이 달리오가 주장한 현금 보유에 대한 의견은 한쪽으로 치우쳐진 면만을 주목하고 있기에 여기서는 자산배분에서 '현금이 지니는 의미와 가치'에 대해 언급해보려고 합니다.

레이 달리오의 올웨더 포트폴리오는 '특정 자산을 꾸준하게 보유하면 특정한 투자 국면에서 반드시 제 기능을 할 것이다'라는 주장을 기본으로 하고 있습니다. 그러므로 상대적으로 높은 이자를 지급하거나(채권), 위험에도 불구하고 높은 기대 수익률을 제공할 수 있거나(주식), 시장 위험이 높아지는 국면에서 위험을 줄

투자 전문가	현금 관련 발언
레이 달리오 (Ray Dalio)	현금은 쓰레기다(Cash is Trash). 각국 중앙은행의 무제한적 자금 공급에 따라 가치 하락 중 현금 보유는 가치 창출을 하지 못하므로 기회비용이 크다. 상대적으로 다른 자산들은 가치를 유지하거나 높일 수 있다.
워런 버핏 & 찰리 멍거 (Warren Buffett & Charlie Munger)	현금은 왕이다(Cash is King). 현금을 보유하지 않았을 때를 떠올려보면, 결코 그때로 돌아가고 싶지 않다.
빌 애크먼(Bill Ackman)	주식은 저평가된 기업이 있을 때만, 즉 투자하기 좋은 주식이 있을 때만 투자할 자산이다. 시장환경이 투자에 적합하지 않을 때 현금 보유를 주저하지 않는다.

여주는 등(금) 각각의 특정 자산별로 기대할 수 있는 역할이 있기 때문에 보유 가치가 상대적으로 제한적인 현금은 보유하는 의미가 없다고 주장한 것입니다.

현금은 시세 변동이 없기 때문에 무위험자산으로 평가되곤 합니다. 그렇지만 물가가 상승(인플레이션)할 경우 구매력이 축소되기 때문에 이론적으로는 현금을 보유하고 있는 것이 포트폴리오의 실질 가치를 갉아먹으며, 실제로는 물가 상승 위험에 노출되어 있다는 주장도 일리가 있습니다.

그렇다면 과연 레이 달리오의 주장대로 포트폴리오에서 현금을 보유하고 있는 것은 아무런 의미가 없는 행동일까요? 자산배

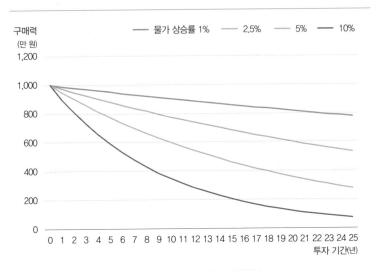

• 물가 상승 구간에서 감소하는 현금의 구매력 •

구매력
(만 원)

━━ 물가 상승률 1%　━━ 2.5%　━━ 5%　━━ 10%

1,200

1,000

800

600

400

200

0

0　1　2　3　4　5　6　7　8　9　10 11 12 13 14 15 16 17 18 19 20 21 22 23 24 25

투자 기간(년)

· 물가가 상승하는 국면에서는 시간이 지날수록 현금의 가치가 하락한다
· 물가상승률에 따라 가치의 하락속도와 폭은 더욱 커질 수 있다

분 관점에서 현금 보유는 어떻게 이해하는 것이 합리적일까요?

◦●● 현금을 투자 도구로 활용하다

쿼터백은 포트폴리오 내 현금 보유는 그 자체로 매우 중요한
자산배분 전략이라고 판단하고 있습니다. '자산배분 관점에서의

현금 보유'는 레이 달리오의 주장처럼 꾸준하게 현금을 투자하지 않고 유지하는 개념이 아닙니다. 평소에는 각 자산군에 충분히 배분하여 정상적인 투자를 하며 관리하지만, 전술적으로 필요한 '특정 구간'에 한해 현금을 '활용'한다는 개념이 더욱 정확한 표현이 될 것입니다. 즉, 현금을 '투자자산'이 아닌 포트폴리오의 전략과 리밸런싱 차원의 '투자 도구'로 이해해야 한다는 뜻입니다.

현금 보유는 ①투자하고 있는 자산들의 가치가 일제히 고평가 되거나 동반 하락할 위험이 높아졌을 때 위험 관리를 위해 도망갈 수 있는 피난처가 되며 ②포트폴리오의 변동성을 낮춰주는 한편 심리적인 안정을 제공하고 ③높은 유동성을 바탕으로 충분한 하락 이후 찾아오는 투자 기회에서 낮은 가격으로 자산을 재매수할 수 있는 든든한 지원군이 됩니다.

즉, 적절한 시기에 일정 수준의 현금을 보유하는 것 그 자체가 하나의 자산배분 전략이 될 수 있다는 뜻이죠. 더 직관적인 이해를 돕기 위해 앞선 글에서 살펴본 적 있었던 주식에 100% 투자 후 유지하는 '주식 100% 보유 전략 포트폴리오 A'와 주가의 200일 이동평균선 신호를 활용한 '현금 이동 전략 포트폴리오 B(현재 주가가 200일 이동평균선을 상회할 경우 주식 100% 보유, 하회할 경우 50% 매도 후 현금으로 배분)'를 다시 한 번 비교해보겠습니다.

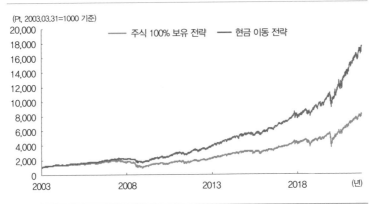

・ 주식 100% 보유 전략 vs. 현금 이동 전략 ・

(Pt, 2003.03.31=1000 기준)

주식 100% 보유 전략 ━━ 현금 이동 전략

주식 100% 보유 전략	누적 수익률	연환산 수익률	최대 낙폭	연환산 변동성
	707.1%	11.77%	-55.22%	18.91%
현금 이동 전략	누적 수익률	연환산 수익률	최대 낙폭	연환산 변동성
	1628.8%	16.40%	-30.31%	13.85%

・ 편의를 위해 현금을 무수익자산으로 계산하였으나, 실제 이자가 발생하는 자산으로 계산할 경우 현금
보유 효과는 추가적으로 높아질 수 있음

출처: 블룸버그

그래프에서 확인할 수 있듯 현금 이동 전략을 활용한 포트폴리
오 B가 주식 100% 보유 전략을 유지한 포트폴리오 A에 비해 변
동성이 크게 낮을 뿐 아니라 수익률(누적 및 연환산 기준) 또한 훨씬
높다는 사실을 확인할 수 있습니다.

이와 같은 분석 결과가 우리에게 주는 메시지는 명확합니다.

투자 기간 중 주식의 위험이 높아졌을 때 주식의 비중을 축소하고 현금의 비중을 늘리며 위험을 관리하는 한편, 여유 자금으로 주식을 추가 매수함으로써 매매 단가를 낮추는 전술이 장기적인 투자 관점에서 위험을 관리하고 포트폴리오의 성과를 개선하는 데 있어 높은 효과가 있다는 것입니다.

자산을 배분하면
수익률이 낮아지지 않나요?

자산배분 투자를 주저하는 사람들이 대표적으로 오해하고 있는 부분 중 하나가 바로 '다양한 자산을 결합하면 포트폴리오의 안정성은 개선되겠지만 결국 수익률이 낮아질 것'이라는 걱정입니다. 과연 이러한 통념처럼 투자대상을 확대할수록 수익률이 낮아지는 현상이 반드시 발생할까요?

○●● 공짜 점심은 있다

세상에 공짜 점심은 있습니다. 투자 위험(변동성)을 관리하기 위해 자산을 배분할 때 실제 수익률을 희생하지 않으면서도 안정성을 높일 수 있다는 점이 바로 그것입니다.

우선 이해를 돕기 위해 다음과 같은 상황을 비교해 보겠습니다. 직관적인 비교를 위해 우리가 2005년 1월부터 2021년 12월까지 일본, 신흥국 주식, 미국, 유럽, 한국 등 총 5개 주식시장 중

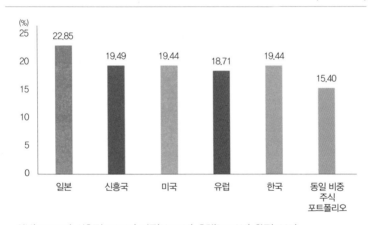

· 각국 주식시장의 변동성 ·

(2005~2021)

* 일본(Nikkei225), 신흥국(MSCI EM), 미국(S&P 500), 유럽(Stoxx600), 한국(KOSPI)

한 곳을 선택하여 투자했다고 가정해 보겠습니다. 우선, 해당 시장에 투자한 수익률을 고려하지 않고 변동성만 살펴본다면 어떤 결과가 나올까요?

그래프에 따르면 해당 기간 동안 일본에 투자했을 경우 연환산으로 약 23% 수준의 높은 변동성에 노출되었으며, 미국, 유럽, 한국 등에 투자했을 때도 약 19% 수준의 비교적 높은 주식 변동성에 노출되었음을 확인할 수 있습니다. 그러나 만약 우리가 하나의 지역이나 국가가 아닌 앞서 살펴본 5개 지역에 분산투자를 실시한다면 어떤 결과가 나타날까요?

실제 각 지역 국가의 투자 비중을 동일하게 20%씩 투자하여 주식 포트폴리오를 설계한다면 같은 기간 변동성이 약 15% 수준까지 낮아져 주식으로만 구성된 포트폴리오임에도 일정 수준 위험이 분산되는 효과를 확인할 수 있었습니다. 이를 통해 단순히 주식에만 투자하는 경우라도 위험 분산을 위해 투자대상을 한국으로 국한하지 않고 다양한 시장을 결합할 필요가 있다는 사실을 알 수 있습니다.

그렇다면 투자대상을 주식으로만 국한하지 않고 다양한 자산에 배분(멀티에셋 투자)할 경우에는 어떤 결과가 나타날까요? 주식 이외에 부동산, 원자재(금), 미국 채권, 신흥국 채권 등 다양한 자산을 개별로 투자하거나 결합하여 분산투자하는 경우를 가정해 보겠습니다.

아래 그래프에서 확인할 수 있듯 각각의 자산들은 성격이 다른 만큼 투자에 따르는 변동성도 크게 다릅니다. 예를 들어 부동산의 경우 연환산 30%가 넘는 높은 변동성을 나타내고 있으며, 미국 채권이나 신흥국 채권과 같은 채권 자산들은 상대적으로 낮은 변동성을 기록했죠.

만약 앞서 주식 포트폴리오에서 테스트한 것처럼 위에 제시된

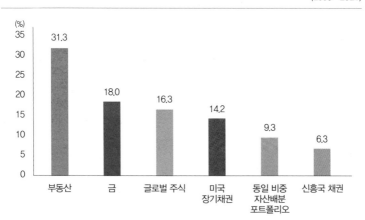

· 투자 자산군을 확대하는 경우의 변동성 ·

(2005~2021)

· 글로벌 주식(MSCI ACWI), 부동산(글로벌리츠지수: FNER index), 금(Gold ETF: GLD US), 미국 장기채권(미국 채권 ETF: TLT US), 신흥국채권(신흥국채권지수: JPEIGLBL Index)

5종류의 자산을 각각 20%씩 동일 비중으로 투자하면 어떤 결과가 나타날까요? 같은 기간 '동일 비중 자산배분 포트폴리오'의 변동성은 약 10% 이하로 크게 낮아졌습니다.

결국 단일 자산에만 투자하는 것보다 다양한 자산에 골고루 투자할 경우 포트폴리오의 변동성은 효과적으로 낮아지고, 이를 통해 안정적인 분산 효과를 누릴 수 있다는 사실을 확인할 수 있었습니다.

◦●● 자산배분을 하면 변동성과 함께
수익률도 낮아질까?

그렇지만 아직 궁극적인 궁금증이 해결되지 않았습니다. 여전히 많은 투자자들은 "서로 성격이 다른 자산을 결합하여 분산하면 위험(변동성)은 줄어들 수 있겠지. 그렇지만 수익률도 당연히 낮아지지 않을까?"라고 의문을 가질 것입니다. 이 궁금증을 해결하기 위해, 2005년 1월부터 2021년 12월 말인 최근까지 과거 16년 동안 주식 포트폴리오와 멀티에셋 포트폴리오를 비교해 봤습니다.

아래 그래프와 같이 자산배분 포트폴리오는 주식으로만 구성된 포트폴리오 대비 해당 기간 동안 약 5% 이상 낮은 변동성을 기록했으며, 특히 분석 기간 중 최대 낙폭이 −30% 수준으로 주식 포트폴리오의 −55% 수준 대비 제한적으로 하락했습니다.

그러나 여기서 더욱 주목해야 하는 점은 바로 같은 기간 자산배분 포트폴리오와 주식 포트폴리오를 비교할 경우 성과 차이가 거의 없었다는 점입니다. 누적 수익률이 주식 포트폴리오 329.26%, 자산배분 포트폴리오 307.33%으로 유사했으며, 연환산 성과 기준으로는 0.34% 수준으로 큰 차이가 없었습니다.

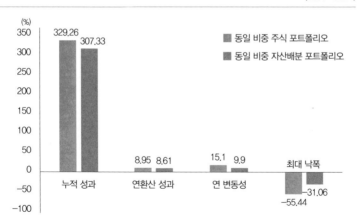

• 주식 포트폴리오 vs. 자산배분 포트폴리오 •

(2005~2021)

• 주식 포트폴리오(각 주가지수 20% 동일 비중 투자), 자산배분 포트폴리오(각 자산군 20% 동일 비중 투자)

이는 통념과는 달리 다양한 자산군을 결합해 예상치 못한 위기 국면에서 하락 폭을 제어하고 변동성을 낮게 유지하는 자산배분 전략이 단순하게 안정성만 높은 것이 아니라 장기적으로 수익률도 매력적일 수 있다는 점을 입증하는 것입니다.

'자산배분 전략이 필요하다는 이야기는 많이 들었는데 안정적일 순 있겠지만 성과가 별로일 것 같다'라는 오해에서 벗어나 자산배분 전략이 제공하는 장점을 하루 빨리 경험해야 하는 이유입니다.

인구구조 변화가 투자에 어떤 영향을 줄까요?

 금융시장과 관련된 거시적인 환경 변화를 거론할 때 반드시 빠지지 않는 주제 중 하나가 바로 인구구조의 변화입니다. 인구구조의 변화란 출생률과 사망률 등 사전적인 의미의 인구동태를 의미하는 것에서부터 더욱 넓게는 시대 흐름의 변화에 따른 경제적, 사회적, 철학적인 형태의 모든 변화를 지칭한다고 볼 수 있습니다.

○●● 순감소 추세로 돌아선 대한민국 인구

　최근 통계청 기록에 따르면 대한민국의 인구는 2019년 12월부터 출생자 수보다 사망자 수가 더욱 많은 '월간 순감소 추세'로 돌아선 것으로 확인됩니다.

　이와 같은 인구의 자연 감소와 함께 지속적으로 부각되고 있는 사회적 변화는 고령화(노령층 비중 확대 및 퇴직 관련 수요 증가), 1인 가구의 급속한 증가, 밀레니얼 세대*의 기성세대화입니다. 이러

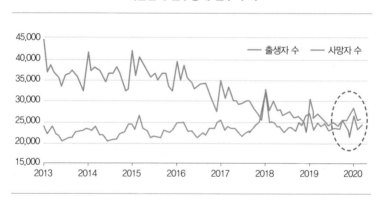

• 대한민국 인구동태 건수 추이 •

출처: 통계청

＊　1980년 초반~2000년대 초반 출생한 세대를 지칭하는 말로, 투자 세계에서는 IT에 능통하며 금융위기 이후 투자에 대한 인식이 기존 대비 크게 달라진 세대를 말한다.

한 사회적 변화에 따라 대한민국의 자본시장은 앞으로 어떤 변화를 맞이하게 될까요? 자세히 살펴보겠습니다.

○●● 사회적 변화에 따른 자본시장의 변화

1. 1인 가구 증가와 관련 산업의 부상

결혼에 대한 인식 변화, 이혼율 증가, 사회 고령화가 확산되며 1인 가구의 비중이 지속적으로 높아지고 있습니다. 통계청에서 집계한 대한민국 1인 가구 비율은 29.3%(2018년 기준)에 육박하고 있어 3가구 중 1가구가 1인 가구가 되고 있다고 봐도 무방한 상황입니다.

1인 가구가 빠르게 확대되면서 정책, 산업, 소비, 부동산, 재테크 등에서 다양한 변화가 연계되어 나타나고 있습니다. 우선 1인 가구의 소비 형태 변화에 따라 관련된 산업이 직접적인 영향을 받고 있습니다. 남녀 불문하고 수요가 늘어나고 있는 미용 및 성형 관련, 혼밥족들을 겨냥한 간편식 생산 업체, 온라인 쇼핑, 게임 등 SNS나 엔터테인먼트 등이 좋은 사례입니다. 또한 이처럼 수혜가 예상되는 성장 산업의 주식, ETF 등에 대한 관심 또한 앞으로 계속해서 높아질 것으로 예상됩니다. 즉, 인구구조 변화와 관련된 비즈니스 생태계 흐름을 파악하는 것이 투자에 있어 중요해질 것이라는 의미입니다.

2. 일코노미 확산에 따른 금융시장 변화

일코노미란 1인 가구+이코노미^{Economy}의 합성어로 앞서 살펴본 1인 가구의 급증으로 인해 나타난 경제 현상을 의미하는 신조어입니다. 최근 은행, 카드 및 보험사에서 1인 가구를 위한 적금, 대출, 카드 및 보험 상품을 공격적으로 출시하고 있는 것도 이러한 현상과 맞닿아 있죠. 예를 들면 스마트폰을 활용하여 건강관리 목표를 달성 시 우대 이율을 제공하는 금융상품이나, 배달음식 주문에 특화된 카드의 인기 등 역시 1인 가구의 라이프스타일에 맞춘 금융상품의 변화 중 하나입니다. 향후에도 일코노미를 겨냥한 금융권의 트렌드 변화는 지속될 것으로 예상됩니다.

3. 인구구조 변화에 따른 부동산 시장의 변화

급속히 진행되고 있는 인구 고령화와 저출산 및 1인 가구 확산 등의 인구구조 변화는 부동산 시장에도 큰 영향을 줄 수 있습니다. 퇴직 이후의 생활 유지를 위한 노후대책 패러다임 변화, 1인 가구 확산에 따른 소형 부동산 선호, 저출산으로 인한 주택수요 감소 등이 맞물리며 이와 같은 변화가 강화될 것으로 전망됩니다. 특히 출생자 수 감소, 가구 수 감소 등에 따라 부동산 시장에서는 소위 '주택 수요 절벽'이 나타날 가능성이 높아지고 있습니다. 이는 대한민국에서 부동산 불패신화가 꺼지며 과거 일본과 같은 주택가격의 장기 하락 사이클이 나타날 가능성도 고려해야 한다는 것을 시사하며, 이는 향후 투자 수단에서의 변화를 야기할 것입니다.

기본적으로는 부동산에 대한 투자 비중을 축소하고, 주식 등 기타 위험자산을 통한 자산배분을 고려할 필요가 커질 수 있으며, 부동산 시장 내에서도 중대형 대비 소형 오피스텔 및 아파트, 노후자금 마련을 위한 임대소득이 창출되는 부동산에 대한 투자가 상대적으로 각광받을 것입니다. 또한 실물주택 보유에서 벗어나 리츠, 부동산 펀드 등 부동산과 연계된 다양한 투자 수단에 대한 관심도 지속적으로 높아질 것으로 전망됩니다.

4. 새로운 투자 계층의 등장

기존 경제 고도성장기를 주도하던 기성세대의 쇠퇴와 함께 새롭게 부상한 MZ 세대로의 주도권 교체가 자산시장에도 중요한 변화가 될 것입니다. 이미 미국에서도 밀레니얼 세대의 등장과 함께 로보어드바이저 등 모바일을 활용한 신금융서비스, 핀테크 문화가 확산된 것과 같이 한국에서의 금융 주도세력 변화는 기존의 헤게모니 붕괴와 함께 새로운 금융 수요를 창출할 수 있습니다. 이미 앞서 언급한 바와 같이 전통적인 부동산 투자보다 리츠, 부동산 펀드 등이 각광받기 시작했으며, 모바일을 활용한 투자수단(P2P, 로보어드바이저, 비대면 상품가입 등) 확산, 낮아진 기대 수익률을 바탕으로 한 중위험-중수익 상품 수요 급증(메자닌*, 자산배분형 상품, ELS 등) 등이 이러한 변화의 일부입니다.

향후 투자 세계에서는 이처럼 인구구조의 변화, 또한 이로 인해 달라지는 부동산, 금융상품, 투자 계층의 변화 등을 주목해야 하며, 개인의 자산배분과 투자 결정에 있어서도 실질적인 변화가 요구될 것입니다.

---

* 돈을 빌려준 사람이 담보권 대신에 높은 이자나 주식에 대한 인수권 따위를 받는 후순위채

달러로 월급 받는 데이터 분석가

- 달러로 들어오는 월급, 어떻게 굴려야 할까요?

- **나이 & 직업:** 만 31세, 데이터 분석가
- **연봉 & 월급:** 5만 달러(세전, 약 5928만 원) 월평균 실수령액 4200달러(498만 원, 2022년 1월 13일 달러·원 환율 종가 1185.5원 기준)
- **주거 형태:** 본가 거주

🔍 류 님의 현재 자산 구성

- **예·적금:** 원화 예금 및 적금 3080만 원, 달러 예금 4만 달러(4742만 원), 연금저축 예치금 400만 원
- **주식:** 국내 주식 860만 원, 미국 주식 1000만 원

🧺 류 님의 돈 관리 방법

- **월급 관리:** 매달 100만 원을 생활비 통장에 입금합니다. 그중 30만 원은 부모님께 드리고 나머지 70만 원을 생활비로 사용해요.
- **자산 불리기:** 주식 투자와 환 투자를 하고 있어요. 금과 채권으로 포트폴리오를 확장하고 싶고, 개인연금 계좌를 통해 ETF에도 투자해 보려고 해요.

📋 류 님의 포트폴리오 고민

- **달러 투자:** 달러로 급여를 받고 있습니다. 미국 주식 외에 달러를 굴릴 수 있는 단기투자 방법이 있을까요? RP(환매조건부채권)*도 고민해봤는데 기대수익률이 너무 낮아서 투자가 망설여지더라고요. 환율이 고점일 때는 채권에 묶어두는 것보다 원화로 환전을 해두는 게 더 유리할 것 같다는 생각도 들고요.

- **목표 설정:** '5년 이내에 5억 원 모으기'가 현실적으로 달성할 수 있을 만한 목표일까요? 만약 가능하다면, 포트폴리오를 어떻게 구성해나가야 할지 궁금해요!

💰 쿼터백의 포트폴리오 솔루션

먼저 류 님의 금융자산 포트폴리오를 살펴볼게요.

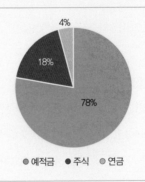

· 류 님의 금융자산 포트폴리오 ·

4%
18%
78%

● 예적금 ● 주식 ● 연금

---

* 금융기관이 고객에게 일정기간 후에 금리를 더해 다시 사는 것을 조건으로 파는 채권

류 님의 금융자산은 예·적금과 연금 예치금이 82%, 주식이 18%로 매우 보수적으로 자산배분이 되어 있는 상태입니다. 이렇게 예·적금 중심으로 구성된 포트폴리오는 안전하다는 장점이 있지만, 인플레이션이 이어지는 상황에서는 내 자산의 실질 가치가 서서히 줄어든다는 위험도 있습니다.

· 류 님의 통화별 포트폴리오 ·

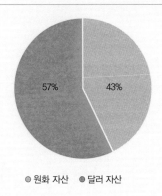

● 원화 자산   ● 달러 자산

류 님의 통화별 포트폴리오는 달러 자산 57%와 원화 자산 43%로 구성되어 있어요. 쿼터백에서는 금융자산의 절반 이상을 달러 자산으로 보유할 것을 권해드리고 있는데, 이 기준으로 보면 류 님의 포트폴리오는 아주 바람직한 상태예요.

달러·원 환율이 2022년 1월 들어 1200원을 돌파하면서, '달러 투자'에 대한 관심이 커지고 있습니다. 그래서 주식이나 채권, 원자재뿐만 아니라 달러에도 투자하라는 조언을 많이 듣게 되는데요. 여기서 쿼터백은 '달러'를 '투자대상'으로 보지 말고 '위험 관리'의 수단으로 보라는 조언을 드립니다.

• 달러·원 환율 •

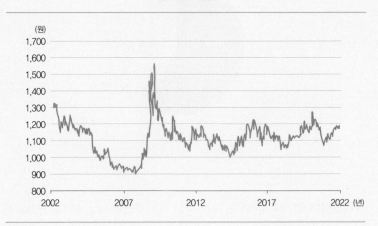

출처: 블룸버그

위의 그래프는 지난 20년간의 달러·원 환율 움직임을 보여줍니다. 우리나라와 미국의 경기 흐름에 따라 수치가 등락을 거듭하면서도 뚜렷하게 우상향하는 모습을 보이지는 않죠.

최근 20년간 자산 가치 변화

구분	S&P 500 (포인트)	글로벌 종합 채권 (포인트)	금 (달러/온스)	원유 (달러/배럴)	환율 (달러/원)
2001년 말	1,148.1	223.8	279.0	19.8	1,313.5
2021년 말	4,766.2	532.4	1,829.2	75.2	1,188.8
상승률	224.4%	149.3%	535.1%	193.8%	4.9%

출처: 블룸버그

2001년 이후 지난 20년간 주식, 채권, 금, 원유 모두 ①기업 가치 상승 ②채권 이자 ③인플레이션의 영향 등으로 최소 1.5배에서 5배까지 상승했어요. 하지만 같은 기간 달러·원 환율의 상승 폭은 20년간 불과 5%에 그쳤습니다. 투자대상으로서는 무척 아쉬운 수준이죠. 그렇다면 달러를 '위험 관리'의 수

· 달러 보유의 효과 ·

출처: 블룸버그

단으로 보라는 것은 어떤 의미일까요?

2009년 1월, 미국 S&P 500 지수는 2008년 7월 말 대비 47% 급락했어요. 미국발 금융위기 때문이었죠. 같은 기간 동안 코스피지수 역시 50% 가까이 하락했습니다.

이때 금융자산의 일부를 달러화 자산인 S&P 500 지수로 보유하고 있던 한국의 투자자들은 손실을 크게 줄일 수 있었습니다. 국내 주식시장이 반 토막 났는데도 환율의 도움으로 자산 가치 하락 폭이 19%에 그친 거예요. 정리하면 이렇습니다.

- 장기적으로 봤을 때, 달러 자산은 다른 자산보다 효율이 낮은 편입니다.
- 하지만 시장이 위기를 겪을 때, 달러 자산은 든든한 버팀목이 될 수 있습니다.

그렇다고 '당장 달러화 자산을 늘려야겠다'라고 생각하실 필요는 없어요. 단기간에 자산의 큰 비중을 달러로 바꾸기보다는 1~2년의 기간을 두고 규칙적으로 달러화 비중을 늘려가야 합니다. 그래야 매수 타이밍을 찾는 데 드는 스트레스도 줄일 수 있고, 투자 시점에 따라 수익률이 크게 달라지는 상황도 피할 수 있답니다.

Before ▶ 5년 내 5억 원 모으기, 달성할 만한 목표일까요?
After ▶ 연간 목표 수익률을 정하고 위험자산 비중을 서서히 늘리면 충분히 할 수 있어요!

5~10년 이내에 5억 원을 모으는 목표를 세워두셨는데요. 이렇게 일정 기간 동안 특정 금액을 모으겠다는 목표를 세우는 건 정말 좋은 방법이에요. 자산 관리를 더 계획적으로 해나가기 위해 꼭 필요한 과정이거든요.

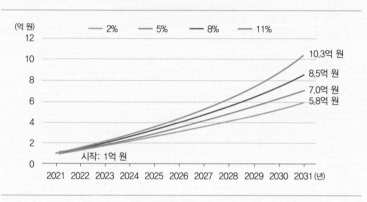

· 연평균 투자수익별 자산 전망 ·

현재 류 님의 금융자산은 1억 원입니다. 다음과 같이 한다고 해보죠.

1. 월 소득 500만 원의 60%인 300만 원을 매월 저축과 투자에 규칙적으로 배분합니다.
2. 해마다 저축과 투자 배분액을 3%씩 늘립니다.(2022년 3600만 원, 2023년 3708만 원…)

연평균 투자 수익률이 2%, 5%, 8%, 11%일 때 류 님의 10년 후 금융자산은 최소 6억 원에서 최대 10억 원까지 불어날 수 있어요. 이번에는 연평균 투자 수익률을 고정해놓고 월 저축액에 따라 얼마나 달라지는지 확인해볼게요.

• 월 저축액별 자산 전망(연평균 투자 수익률 5% 가정) •

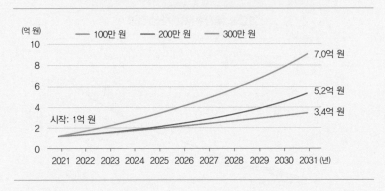

한편 월간 저축액을 연평균 투자 수익률을 5%로 고정하고 매달 100만 원
~300만 원을 투자 원금으로 사용한다면, 10년 후 금융자산은 최소 3억
4000만 원에서 최대 7억 원 규모로 커질 거에요.

결국 아래 세 가지를 꾸준히 해나가면, 류 님의 자산 형성 목표 달성 가능성
이 높은 것으로 진단합니다.

1. 저축 및 투자 원금을 꾸준히 확보합니다.
2. 연간 목표 수익률을 합리적으로 정합니다.
3. 자산배분을 통해 이를 실행합니다.

특히 달러 현금이 꾸준히 유입되고 있기 때문에, 달러 표시 자산(미국 주식, 미국 채권 등)별 비중을 공격적으로(주식 80%, 채권 20% or 주식 70%, 채권 30%) 설정하고 장기적으로 투자해보세요.

월별로 수입이 다른 산업 분석가
- 월급이 들쭉날쭉한데 돈을 어떻게 관리하죠?

홍홍

- **나이 & 직업:** 만 31세, 산업 분석가
- **연봉 & 월급:** 세전 5700만 원, 월평균 실수령액 390만 원
- **주거 형태:** 전세 독립

홍홍 님의 현재 자산 구성

- **예·적금:** 예금 7000만 원
- **주식:** 국내 주식 4300만 원, 해외주식 1000만 원, S&P 500 추종 ETF 400만 원
- **암호화폐:** 비트코인 3000만 원(비트코인 가격이 많이 내려갔다고 판단되면 100~200만 원씩 분할 매수)
- **대출:** 전세자금 대출(버팀목) 1억 2000만 원, 변동금리로 현재 2.4%

홍홍 님의 돈 관리 방법

- **월급 관리:** 한 달 평균 소득이 390만 원이지만, 월에 따라서 270만 원에서 많게는 550만 원까지 들쑥날쑥해요. 개인 소비는 160만 원 정도로 평균 230만 원은 예금통장(이율 2%)에 모두 저축합니다.

- **자산 불리기**: 예금 2%, 주식, 암호화폐 투자, 부수입 창출 50만 원 목표로 하고 있어요. 주식과 암호화폐는 한두 달 간격으로 원하는 종목이 생기면 100~200만 원씩 매수하고 있습니다. 부수입의 경우 2021년 3월에서 11월까지는 스마트스토어 판매로 목표를 달성했지만 2021년 12월부터는 수익 창출이 되지 않고 있어요.

홍홍 님의 포트폴리오 고민

- **돈 관리를 어디부터 시작해야 할지 감이 안 옵니다.** 아무래도 월급에 만족하는 편이어서 그런지, 돈 관리를 전혀 하지 않았어요.
- **40살까지 10억 원을 모으고 싶습니다.** 지금 같은 방법으로는 달성하기 힘들겠다는 생각이 들어요. 어떻게 모아야 할까요?
- **제게 맞는 포트폴리오를 구성하고 싶어요.** 과거 암호화폐와 주식이 운이 좋게 자산이 상승했지만, 오히려 현재에는 크게 손실을 보고 있어요.

쿼터백의 포트폴리오 솔루션

우선 계획적인 저축으로 자산을 축적해나가는 홍홍 님의 금융자산 포트폴리오를 함께 살펴볼게요.

홍홍 님의 금융자산은 투자금 55%, 예적금 45%로, 위험자산과 안전자산 비중 차이가 크지 않은 자산배분 상태입니다(ISA는 절세상품으로 연금이 아니기 때문에 ISA 계좌는 해외주식 '투자'로 분류함).

· 홍홍 님의 금융자산 포트폴리오 ·

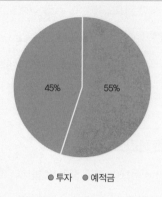

45% 55%

● 투자 ● 예적금

한편 홍홍 님의 투자 포트폴리오의 절반은 국내 주식, 1/3은 암호화폐(비트코
인), 나머지 16%는 해외 주식으로 구성되어 있습니다.

· 홍홍 님의 투자 포트폴리오 ·

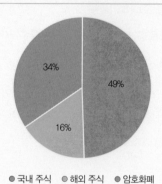

34% 49%

16%

● 국내 주식 ● 해외 주식 ● 암호화폐

Before **소득이 들쑥날쑥합니다**

Before **소득이 들쑥날쑥합니다**

After **소득이 일정하지 않다면 연간 저축률 관점에서 접근하세요**

우선 홍홍 님의 저축 습관은 소득이 불규칙한 많은 자영업자나 프리랜서들에게 훌륭한 본보기 사례라고 할 수 있어요. 현재 홍홍 님의 상태는 이렇습니다.

1. 소득이 불규칙합니다.(월 270~550만 원)

2. 월간 지출을 일정 수준으로 통제(월 160만 원)하고 있습니다.

3. 나머지 금액을 저축하면서, 결과적으로 '월평균 저축액 230만 원'이라는 수치를 스스로 계산하는 훌륭한 저축 습관을 갖고 있습니다.

연간 저축률 목표를 세워보세요! 소득이 들쑥날쑥한 패턴을 가진 독자 여러분을 위해서 쿼터백이 제안드리는 방법은, '연간 저축률' 관점에서 돈을 모으는 것입니다.

1. 매년 초 올해 예상 세후 소득을 추정합니다.

2. 월 고정지출 비용을 추정합니다.

3. 병원비, 의류 등 부정기적 지출의 연간 총액을 추정합니다.

4. 연간 예상 세후 소득에서 고정 지출과 부정기 지출을 제외한 금액을 전액 신규 저축 및 투자로 가정하고 저축률을 계산합니다.

5. 연간 저축액 목표를 분기별로 점검하며 달성을 위해 노력합니다.

항목	연 누적액(단위: 만 원)
1. 예상 세후 소득(A)	4,000
2. 필수 고정 지출(B)	1,800
3. 부정기 지출(C)	200
4. 저축 및 투자액(D=A−(B+C)}	2,000
5. 저축률(D/A)	50%

여기서 당부하고 싶은 점은 '저축률 목표를 지나치게 높게 혹은 낮게 잡지 않는 것'입니다. 목표가 지나치게 높으면 이른 시기에 목표 달성이 어렵다고 생각되어 포기하기 쉽고, 너무 낮으면 자산 형성의 복리 효과에 해가 되기 때문이에요.

또한 '소비를 줄일 곳'이 없을지 고민했는데, 지출을 통제하는 좋은 방법은 지출 항목 중에서 본인만의 우선순위를 매겨보고, 순위가 낮은 항목 지출을 줄이는 겁니다. 혹은 목표 저축액을 높여버리면 자연히 우선순위가 낮은 지출을 줄이는 자신을 발견하실 수 있을 거예요.

Before **40살까지 10억 원 모으기가 가능한 목표일까요?**

After **저축 및 투자 원금을 지속적으로 늘리고, 연 목표 수익률을 정하세요.**

홍홍 님은 현재 월평균 230만 원을 저축 및 투자액으로 모으고 있어요.

1. 매년 정기 저축 및 투자액을 5%, 10%씩 늘리는 경우로 생각해 봅시다.

2. 연평균 수익률 시나리오별로 홍홍 님의 9년 후 예상 금융자산 규모를 계산해 봅시다.

· 홍홍 님의 9년 후 예상 금융자산 규모 ·

(단위: 억 원)

시나리오	저축 원금	연평균 수익률 가정			
		3%	6%	9%	12%
월 230만 원 저축 유지	2.8	4.9	6.0	7.3	8.9
매년 5%씩 저축액 증가	3.5	5.6	6.7	8.1	9.7
매년 10%씩 저축액 증가	4.4	6.3	7.5	9.1	10.8

표에서 보이는 것처럼, 금융자산을 불리려면 저축 및 투자 원금을 최대한 확보하고 원금이 우상향할 수 있도록 목표 수익률을 정하고 관리해야 합니다.

홍홍 님은 점차 소득이 늘수록 저축 및 투자 원금을 늘릴 가능성이 높으므로, 연평균 목표 수익률에 따른 자산배분 및 직간접투자 비중을 잘 정하면 금융자산 목표 달성이 가능할 거예요.

또한 한 가지 더 강조하고 싶은 점은 금융자산의 목표를 9년 후가 아니라 19년 혹은 29년 후의 목표로 정해보라는 점이에요. 복리의 마법은 일정 기간 이상의 장기투자 시에 더 극적으로 커진답니다.

Before ▶ 주식과 암호화폐를 직접 매매하고 있는데, 어떤 펀드를 들어야 할지 모르겠어요.

After ▶ 자산별 비중 및 직접투자 vs. 간접투자 비중을 정해야 해요!

쿼터백은 홍홍 님께 아래와 같은 항목들을 순서대로 결정하고 실행하실 것을 추천합니다.

1. 금융자산 내에서 예금과 투자의 비중 정하기(예 예금 20%, 투자 80%)
2. 투자자산 내에서 자산별 비중 정하기(예 주식 45%, 자산배분 30%, 암호화폐 5%)
3. 주식 내에서 지역별 비중 정하기(예 글로벌 주식 20%, 미국 주식 20%, 한국 주식 5%)
4. 각 자산별 비중 내에서 직접투자와 간접투자 비중 정하기

· 홍홍 님의 투자 항목 시뮬레이션 ·

대분류	세부분류	기존	변경
예금		45%	20%
투자	한국 주식	27%	5%
	미국 주식	9%	20%
	글로벌 주식	0%	20%
	암호화폐	19%	5%
	보수적 자산배분	0%	30%

오케스트라 지휘자처럼 투자를 지휘하세요

많은 사람들이 투자를 시작할 때 어떤 증권사가 수수료가 싼지, 그리고 어떤 주식을 어떤 가격에 사면 되는지부터 알아보는 경향이 있어요. 그러나 이보다 중요한 것은 바로 자산별 목표 비중을 정하고, 내가 직접투자할 비중과 펀드나 일임에 맡길 비중을 정하는 거예요.

여러분은 선수가 아니라 감독이고, 금융자산이라는 오케스트라의 지휘자라는 걸 꼭 기억하셔야 해요. 만일 모든 주식과 암호화폐 투자를 직접 다 매매하고 있다면, 큰 그림을 보기보다 사소한 것에 시간을 더 빼앗길 수 있답니다. 80쪽 호두 님의 사례에서 본 것처럼 본인이 어떤 스타일의 투자자인지 먼저 확인해본다면 직접투자와 간접투자의 비중을 쉽게 정할 수 있을 거예요.

마지막으로 전체 금융자산 내에서 암호화폐의 비중은 몇 퍼센트가 적절한지에 대해서는 다양한 의견이 오가고 있어요. 넥스트어드바이저NextAdvisor라는 미디어의 특집 기사에서 전문가들은 금융자산 중 암호화폐 투자 비중을 5% 이내로 권하고 있습니다.

중요한 것은 다른 자산군과 마찬가지로 금융자산 내에서의 암호화폐 투자 비중을 나에게 맞게 정해두고 계획적으로 투자하는 것이에요. 그러면 순간순간의 가격 변화에 따라 무리하게 비중을 늘리거나 줄이는 함정, 그리고 심리적 불안으로 차트만 바라보게 되는 부작용에서 자유로울 수 있습니다.

색인

숫자

60/40 포트폴리오	126
70/30 포트폴리오	126

알파벳

CD 금리	37
ELS	59
ETF	71
FX	64
ISA	76
MSCI ACWI	272
RA테스트베드	208
S&P 500	70
SPY	128
SWAN	128
TDF	88

ㄱ

간접투자	81
경제성장률	27, 280
구루	292
국고채	54, 59
국민총소득	25
국채	102
군중 심리	175
금리	27
기대 수익률	13

ㄴ

나스닥	142

ㄷ

대니얼 카너먼	221
대체자산	120, 188
데이비드 스웬슨	118

동적자산배분 136

듀얼 모멘텀 136

딥러닝 205

ㄹ

레버리지 131

레이 달리오 108

로보어드바이저 203

리밸런싱 68, 181

ㅁ

머신러닝 205

메자닌 310

명목금리 150

무위험 수익률 37

밀레니얼 세대 306

ㅂ

바오빠 282

바오치 282

바이 앤 홀드 256

백테스팅 122

벤치마크 126

변동성 32

복리 29

부동산 리츠 59

블랙 스완 128

빌 애크먼 293

ㅅ

사계절 포트폴리오 109

상관관계 13

샤프지수 37

손실 회피 성향 177

수익성 94

실질금리	150	

ㅇ

안전자산	43
안정성	94
액티브 상품	127
액티브 전략	267
연금저축	82
연환산 표준편차	38
영구 포트폴리오	99
예금	59
예수금	82
올웨더 포트폴리오	108
우리사주	154
워런 버핏	30, 200, 228
원자재	59
위성전략	141
위험	33

위험자산	43
인덱스 펀드	71, 269
인프라	12
인플레이션	293
일코노미	308

ㅈ

자국 편향	65
자산 3분법	93
자산군	53
자산담보부 채권	120
자산배분	12
자산배분의 3대 원칙	62
자연 헤징	67
장기 콜옵션	130
재형저축	154
정적자산배분	136
지수	70

직접투자 81

ㅊ

찰리 멍거 293

채권 43, 59

초과수익 15

최대 낙폭 103

ㅋ

코스피 71

ㅌ

통화 64

투자일임 202

트레이더 198

티커 104

ㅍ

파생상품 59

패시브 전략 267

포모 증후군 234

포트폴리오 13

ㅎ

하이일드 채권 59

해리 마코위츠 95

해리 브라운 99

핵심전략 141

헤지펀드 269

현재 편향적 성향 176

환금성 94

환노출 66

환헤지 66

회사채 54, 120

50만 원으로 시작하는
돈 굴리기 기술

초판 1쇄 인쇄 2022년 6월 7일
초판 1쇄 발행 2022년 6월 15일

지은이 쿼터백
펴낸이 김동환, 김선준

책임편집 오시정
편집팀장 한보라 **편집팀** 최한솔, 최구영, 오시정
마케팅 권두리, 신동빈
홍보 조아란, 이은정, 유채원, 권희, 유준상
표지디자인 김혜림 **본문디자인** 강수진

펴낸곳 페이지2북스 **출판등록** 2019년 4월 25일 제 2019-000129호
주소 서울시 영등포구 여의대로 108 파크원타워1, 28층
전화 02)2668-5855 **팩스** 02)330-5856
이메일 page2books@naver.com
종이 월드페이퍼 **인쇄** 한영문화사 **제본** 한영문화사

ISBN 979-11-90977-71-5 (03320)